特色学校聚焦丛书　**丛书主编　杨四耕**

向着优秀生长
"模范教育"的理念与实践

魏　澜◎著

华东师范大学出版社
·上海·

图书在版编目(CIP)数据

向着优秀生长:"模范教育"的理念与实践/魏澜著. —上海:华东师范大学出版社,2021
(特色学校聚焦丛书)
ISBN 978-7-5760-1827-1

Ⅰ.①向… Ⅱ.①魏… Ⅲ.①初中-中学教育-研究 Ⅳ.①G63

中国版本图书馆 CIP 数据核字(2021)第 130283 号

特色学校聚焦丛书
向着优秀生长:"模范教育"的理念与实践

丛书主编	杨四耕
著　者	魏澜
责任编辑	刘佳
项目编辑	林青荻
特约审读	姬潇
责任校对	朱虹　时东明
装帧设计	卢晓红

出版发行	华东师范大学出版社
社　址	上海市中山北路 3663 号　邮编 200062
网　址	www.ecnupress.com.cn
电　话	021-60821666　行政传真 021-62572105
客服电话	021-62865537　门市(邮购)电话 021-62869887
地　址	上海市中山北路 3663 号华东师范大学校内先锋路口
网　店	http://hdsdcbs.tmall.com

印刷者	浙江临安曙光印务有限公司
开　本	787×1092　16 开
印　张	11.25
字　数	106 千字
版　次	2021 年 11 月第 1 版
印　次	2021 年 11 月第 1 次
书　号	ISBN 978-7-5760-1827-1
定　价	36.00 元

出版人　王焰

(如发现本版图书有印订质量问题,请寄回本社客服中心调换或电话 021-62865537 联系)

丛书总序

好学校的性格色彩

这些年,我与中小学、幼儿园有许多"亲密接触"。从这些学校中,我发现了一个"秘密":好学校总有自己的性格色彩,总有自己的精神属性。

好学校有丰富的颜色

好学校一年四季都有风景。春天,你走进它,有各色花儿,红的像火,粉的像霞,白的像雪。夏天,你置身其中,绿草茵茵,就算骄阳似火,也有阴凉。孩子们可以踢球、打滚,可以任性。秋天,你老远就可以看到,枫叶红了,橘子黄了,婀娜多姿;冬天,你靠近它,香樟绿环绕着你,垂柳枝笼罩着你,你不会觉得单调。当然,环境的价值不在于"装扮",而在于让心灵沉静,让生命多彩。它是生命哲学的演化,是内心深处的讴歌与赞美。法国思想家卢梭说教育的核心是"归于自然"——回归"自然状态",回归人之原始倾向。善良总存在于纯洁的自然之中。好学校总是拥有自然的纯净与原始美,它努力让孩子们与美好相遇。静谧,美好——好学校是温润的。

好学校有足够的成色

成色是衡量一所学校教育境界的一个指标,是一所学校的"育人"含金量。如果一所学校的含金量定位为考试成绩,它的成色就是混浊的;如果一所学校的含金量定位为立德树人,它的成色就是清纯的。黎巴嫩诗人纪伯伦说过:"我们已经走得太远,以至于忘记了为什么而出发。"教育是为着我们不曾拥有的过去,为着我们不曾经历的当下,为着我们不曾想到的未来。教育之原点在激发想象,而不仅仅是学习知识;教育之原点在发展理性,而不仅仅是讲授道理;教育之原点在鼓励崇高,而不仅仅是理解规范;教育之原点在丰富经历,而不仅仅是掌握技艺;教育之原点在温暖心灵,而不仅仅是强化记忆;教育之原点在强健身心,而不仅仅是发展智能;教育之原点在点亮人生,而不仅仅是预知未来。回归原点,是好学校的立场。不功利——好学校是纯粹的。

好学校有优雅的行色

优雅是让人向往的,有来源于生命本身的气质。每一个人都行色匆匆,孩子们被课业压得喘不过气来,教师被成绩比较而形成优劣阵营,这样的学校就不会是一所好学校。什么是好学校?孩子们表情舒展,教师们精神敞亮——每到一所学校,我总喜欢以这样的眼光去观察师生的生命状态。我发现,在好学校,孩子们的脸总是明晃晃的,有美好期待;教师的行色总是从容优雅,有专业自信。女孩子清新可人,男孩子风度翩翩,生命在人性层面焕发出动人光彩。一句话,每一个生命都自然而然地生长,这里有一种难以言说的气息在校园里弥漫开来、传播出去。面对此,我只能说:好学校是舒展的。

好学校有鲜明的特色

办学特色是一所学校整体呈现出来的系统性特征,集中表现在基于学校文化的课程体系。学校办得好不好,不在于规模有多大,而在于特色是否鲜明,是否有足以体现自己文化的课程架构。好学校行走在有逻辑的课程变革之路上,努力让学校课程富有倾听感,关注学生的学习需求;拥有逻辑感,建构严密的而非拼盘的课程体系;嵌入统整感,更多地以整合的方式实施而非简单地做加减法;饱含见识感,以丰富学生的学习经历为取向;提升质地感,课程建设触及课堂教学变革,课堂教学呈现出新的文化样态。一句话,好学校课程目标凸显内在生长,课程内容突出学习需求,课程结构强调系统思维,课程实施张扬生命活性,课程评价与管理彰显主体向度。好学校关注学习方式的多变性和场景性、学习时间的灵活性和可支配性、学习空间的多元性与舒适性、学习资源的丰富性和易得性,让所有的时空都成为课程场景,让孩子们学习作品的形成、展示、发布、分享成为校园里最美的景观,让时空展现出生命成长的气息和灵动。是啊,好学校有生命里最美好的记忆。

好学校有厚重的底色

厚重的底色不在于办学时间长短,而在于拥有强烈的文化自信。进入学校,我喜欢看墙上的"文字"。多年经验告诉我,文化不在墙上,很多时候,墙上的文字越多,学校的文化含量越低。道理很简单,大量文字堆放在墙上,说明这种文化还没有被老师们普遍认同,更谈不上内化于心、外化于行;说明这种文化还缺乏影响力,还没有被大众广泛接受,需要宣示和传播。一所学校是否拥有自己的教育哲学,是否拥有自己的教育信仰,是它"底色"如何的重要侧面。毫无疑问,好学校应该有自己的教育信仰。但是,教育信仰不是文字游戏,不是专家赐予的东西。信仰是从内心深处生长出来的,是从脚底下走出来的,是从指尖流淌出来的,是慢慢地生长、慢慢地走出来、慢慢地流淌出来的东西。唯有"慢慢地"才能"深深地","深深地"才能"牢牢地",扎下根来,进入我们的灵魂,融入我们的血液,成为我们生命的构成,成为我们前行的力量。文化总是无言或少言,但让人作出判断和选择。好学校,你一走进去,一种向往感、追慕感、浸润感便油然而生。因此,好学校是柔软而有力的。

美国思想家梭罗在《种子的信仰》一书中把好学校比喻为"一方池塘",每一个孩子在其中如鱼得水,自由自在,这就是"回归自然"的状态。不是吗?好学校总是这样的——温润,纯粹,舒展,美好,柔软而有力——这也是本套丛书聚焦的一批学校的性格色彩。

杨四耕

2019 年 5 月 30 日于上海市教育科学研究院

目 录

序 / 1

前　言　学校是优秀的荟萃地 / 1

第一章　模范文化：优秀第一，成功第二 / 1

　　优秀是对完整人格的充分诠释，优秀是个人禀赋得到自由而毫无保留的呈现。从这个意义上说，"成功"只是相对"优秀"的下位概念。我们着力培养优秀学子，就是想要通过一系列立德树人工作的有效开展，将每个孩子人格中与生俱来的积极品质和潜在能量充分地激发出来，让他们在属于自己的"优秀"中徜徉遨游，自由自在地勾勒出属于自己的、独一无二的成功。

第一节　历史脉络：以模范的名义推进变革 / 2
第二节　学校文化：以模范的精神营造氛围 / 15
第三节　战略定位：以模范的气魄展望未来 / 20

第二章　模范课程：向着优秀奋力奔跑 / 25

　　模范是向着优秀奋力奔跑的过程，模范课程是一个不断丰富和完善的体系。课程设计的根本目的是引导学生不断实现自身价值，获得内涵发展，在原有基础上努力将自身潜在的优秀品质挖掘、激发出来。凡是能够引导孩子丰盈自身价值的课程都是模范课程所欢迎的。通过模范课程，孩子对自然、对社会、对道德、对生命的认识不断深化，在此过程中，优秀的品质被不断放大，孩子的成长不断迈上崭新台阶。

第一节　课程理念：让孩子向着模范生长 / 26
第二节　课程内容：让课程激发智慧素养 / 28
第三节　课程评价：让评价实现多元多样 / 38

第三章　模范德育：成为人性意义上优秀的人 / 41

　　你若要问道德是什么，我们会如此回答：道德是老师朝朝暮暮的陪伴，道德是师长絮絮叨叨的教诲，道德是春草在泥土里呢喃生长，道德是游鱼在碧水间泰然游荡。道德在每一个善意的笑容中，道德在每一次规范的举止间。在我们学校，道德不是刻板的教条和喋喋不休的说教，而是润物无声的鼓励，是别具特色的活动，是趣味横生的课程。模范德育引领着每一位孩子们不断提升人格，努力成为人性意义上优秀的人。

第一节　教育是美学的：德育的欣赏范型 / 42

第二节　心灵的植根者：品质提升全辐射 / 47

第三节　德育的课程化：品行养成有特色 / 53

第四节　德育评价方法：品格评价的高地 / 74

第四章　模范课堂：成绩是优秀的副产品 / 81

优秀不等于成绩，成绩只是优秀的副产品。优秀的课堂成就优秀的学生，优秀的学生自然取得成绩的进步。模范教育坚持五育并举，坚持立德树人，在课堂教学主阵地上，坚持用正确的信念引领人，用正确的价值鼓舞人，用正确的方法教导人，用正确的思维塑造人，努力把每一个孩子培养成为具有优秀人格的社会主义现代化事业建设者和接班人。我们坚信，让优秀勇立潮头，成绩自会接踵而至。

第一节　适宜的目标：让预设与生成亲密和谐 / 82

第二节　适当的过程：把课堂的主权交给学生 / 83

第三节　适量的作业：既尊重差异又共同进步 / 85

第四节　适时的评价：在相互激励中提升效益 / 87

第五节　适切的反馈：在诸多因素中保持适合 / 88

第五章　模范教师：优秀是自己可以把握的 / 95

教师是优秀的缔造者，也是优秀的践行者。优秀的教师才能成就美丽的花朵。缔造优秀的权利属于每一个教师，通向优秀的征途就在每个教师自己的脚下。我们鼓励教师做道德上的垂范者，做专业上的钻研者，引导教师在发展的道路上坚持不懈，永不停步。学校搭建平台、创造条件、力推优秀，努力开辟教师培养的新维度，让教师在成长中收获满满，真正成为德才兼备的"大先生"。

第一节　教师应是模范：做德能兼备的"大先生" / 97
第二节　用手改变大脑：镌刻属于自己的专业印迹 / 106
第三节　教师专业修炼：让每位教师向着模范生长 / 111

第六章　模范管理：平衡优秀和成功的价值 / 119

管理是平衡木上的舞蹈，需要智慧、耐心和躬身服务以实现各方能量的最大限度释放，从而推动学校的全局发展和教师的个人进步。模范管理致力于帮助教师准确拿捏"优秀"与"成功"之间的微妙平衡，在努力让优秀的人取得应有成功的同时，也着力激励尚未成功的人变得更加优秀。具有模范特色的多元化价值衡量和评价方式正在让越来越多的教师从优秀走向属于自己的成功。

第一节　分配激励：绩效视野下的价值定位 / 120

第二节　精神激励：情怀驱动下的价值升华 / 122

第三节　成就激励：让教师的梦想变为现实 / 123

第四节　愿景激励：追求沟通合作中的共赢 / 124

附　录　上海市浦东模范中学四年发展规划(2020—2023) / 129

后　记 / 153

序

魏澜校长《向着优秀生长："模范教育"的理念与实践》一书付梓在即，嘱我写一篇序。我与上海市浦东模范中学创办者吴小仲校长十分熟稔，对她创办浦东模范中学的过程及取得的成就既比较了解又心感钦佩。吴小仲校长作为学校管理者眼光独到、经验丰富，作为教育实践家坚守初心、矢志不移，是沪上教育界的公认楷模。魏澜校长虽小我一辈，但彼此相识有年，对他的干劲、韧劲、能力、魄力我都非常认可，与他堪称忘年之交。十多年来，魏校长在认真传承吴小仲校长办学传统的基础上，不断开辟学校办学新局面，确保学校始终保持优势、不断发展。因此，当魏澜校长邀我就这本总结学校廿载办学经验的著作写序时，我义不容辞，慨然应允。

上海市浦东模范中学自创校至今已历二十一个春秋。2000年5月，按照有关政策并经上海市教委批准，上海市金桥中学更名为上海市浦东模范中学，作为上海市中小学办学体制改革试验学校，该校由上海市劳模协会协议承办，吴小仲同志担任首任校长。这所学校的办学主要经历了转制办学、委托管理、公办校长负责制三个阶段。

在浦东模范中学发展过程中，全体浦模人能够始终坚持吴小仲等老一辈浦模人提出的"讲人格、讲品位、讲奉献"的"三讲"精神。这种无私奉献的精神早已成为浦东模范的文化基因，深深镌刻在每一个浦模人的心坎里。二十年前，正是这种无私忘我的精神锻造，才使浦东模范一鸣惊人；二十年来，正是这种守成奋进的精神升华，才使浦东模范捷报频仍。多年来，学校在课程开发、师资培养、教育科研、课堂教学等各个领域都能与时俱进,取得了相当显著而又有目共睹的成绩,其教育教学质量始终保持高位稳定,是浦东新区当之无愧的优质品牌学校。

在立德树人工作中,浦东模范中学积极开辟以课程建设为抓手的育人工作新局面,在淮剧表演、草木染、中草药"百草园"、音乐剧、水火箭制作、女足、射击等领域取得了丰硕成果,并对所在学区产生积极辐射带动效应。在师资培养上,浦东模范中学坚持"引进"与"自培"相结合,在一批专业上具有影响力的高级和骨干教师的带领下,学校打造形成成熟师资梯队,有效促进教育教学质量提升。在教育科研上,学校重视中青年业务骨干培养,鼓励教师积极申报或参与各级课题和论文撰写,几年来,数十篇论文在国家、市、区各级刊物发表,产生积极反响,提升了学校整体科研水平。在课堂教学上,学校以"教师成长档案袋"建设为抓手,以"一课二上三研四反思"主题教研活动为平台,围绕构建"四适"课堂的总要求开展教学评比活动和高级骨干展示课活动,在教师课堂教学能力的提升上闯出了一片绚烂的天地。

坦率地讲,在学校高位发展时走马上任对校长而言既是幸运,更是挑战。2011年,魏澜作为年轻校长接手浦东模范中学,能在确保平稳过渡的基础上,面对新情况、接受新任务、处理新问题、探索新路径,不断实现学校跨越式发展,确属难能可贵、后生可畏。学校挂牌成立二十周年之际,魏澜校长又能立足经验、反躬自省,全面总结提炼学校办学经验,提出"模范教育"之哲学和"让每一个孩子拥有存在的意义,让每一个孩子成为远处的模范"的办学理念,更体现出一位资深、成熟校长在立德树人中的责任与担当、见识与眼光。

相信本书提供的丰富思考和实践经验一定会让读者对如何办学、如何育人形成更加深刻的认识。我也借此机会祝愿浦东模范中学在学校领导的带领下,在全体师生的共同努力下能够继续摸高攀登,奋力夺取基础教育新胜利。

是为序。

刘京海

(上海市特级校长,特级教师,上海市教育功臣)

2021年5月

前　言

学校是优秀的荟萃地

上海市浦东模范中学在二十多年办学历程中,关注立德树人,关注五育并举,关注人的全面和谐发展,积极探索符合学情、校情的人才培养和造就模式,逐步形成了具有鲜明学校特色的"模范教育"办学理念。在这一理念的引领下,学校工作形成传统,取得了一系列成绩。

学校是优秀的荟萃地,如何打磨人才,使其焕发异彩,成为一个真正优秀的人,需要办学者深耕厚植、高位思考。我们认为:优秀第一,成功第二。优秀是求诸于己的,是对自身禀赋、能力和梦想的自发追求,在此过程中人的意义和价值得到最大限度的实现而不必过度拘泥各种外在框限。成功则更多地与功利计较相关联,在很多情况下,成功是在现实生活中与各种框架限制相互制约和彼此妥协的产物,而且成功的取得往往取决于机遇、环境及人际关系,具有很大的偶然性和很强的不确定性。因此,优秀是个人自己能够把握的,而成功则不尽然。

浦模秉持的教育哲学是"模范教育"。"模"在《说文解字》中意为"法";"范"的本义是"铸造器物的模子"。两字都可引申为一切做事的方法和规范。王充《论衡·物势》有言:"今夫陶冶者初埏埴作器,必模范为形,故作之也",表明"模范"一词与人们的日常生产生活密切相关。扬雄在《法言·学行》中则指出"师者,人之模范也",创造性地将教育工作者同"模范"一词关联起来,使教师这一行业在中国同"模范"结下了不解之缘。我们认为,现代语境下的"模范教育"不仅与教师的个人师德和专业素养密切相关,也与一所学校课程设置、德育教学和行政管理有着内在而密不可分的关联。作为一所以"模范"命名,由上海市劳模协会承办,二十年来始终坚持用模范精神引领各项工作的浦东新区优质品牌学校,我们对"模范教育"的内涵形成了一些校本化的特色思考和做法。

"模范教育"是学生全面和谐发展的题中之意,是以模范之手段育模范之人才的教育,换言之,就是以最优化手段培育最理想人格的教育。"模范教育"既是我们学校的教育价值观和内涵方法论,也是学校发展素质教育的理论与实践样态。"模范教育"的出发点是培养社会主义现代化建设事业的合格建设者和接班人,结合学校具体教育教学工作,"模范教育"的实践可分为"模范课程""模范德育""模范课堂""模范教师"和"模范管理"五个核心维度。本书以这五个核心概念为逻辑原点,对学校二十多年来的相关办学经验、重点工作及成效进行梳理和总结,力求在全面展示学校办学历程的同时,对各方面的工作经验教训进行系统反思,以期反哺今后的教育教学工作,从而实现模范教育精神引领下学校办学和育人效益的最大化。

课程建设是学校教育教学各项事业发展的关键。经过廿载探索实践,浦东模范中学已经形成了由基础型、拓展型和探究型课程共同组成的模范课程体系。其中"缤纷草木染、淮剧表演、音乐剧表演、射击、女子足球、中草药'百草园'"等特色课程在各级各类评比中多次获奖,并在学区范围内形成有效辐射,取得了良好的育人成果和社会效益。如何实现学校课程的跨越式发展,推进课程建设从 2.0 向 3.0 的质性变革,如何在继续扎实落实基础型课程、做强特色拓展和探究型课程的同时,以智慧校园创建等工作为契机,推进学校活动课程的进一步多样化和丰富化,更好实现抽象校园文化向具体校园环境课程和隐性课程的华丽变身,从而进一步丰盈孩子存在的意义感,让每一个孩子拥有在学校存在的价值感,是学校课程建设的重点所在。

学校德育是立德树人工作的重要组成。多年来，浦东模范中学秉持"人人都是德育工作者"的信念，坚持"育人育分两手抓，两手都过硬"的方针。我们认为，学校德育工作首先是一种欣赏，德育的实施对象是人，德育的实施主体也是人，我们提倡要用欣赏艺术作品的眼光去欣赏和对待每一名学生，构建具有模范特色的德育美学。黑格尔有言："美是理念的感性显现。"怎样使抽象的德育要求和理念与每一个有血有肉、具有个性的学生形成深度共鸣，使外在的德育信条内化为学子自身的禀赋诉求，是学校德育工作的重点所在。多年来，学校通过设计和实施大量具有模范特色的德育活动，培养学生的规则意识、纪律观念、合作精神、统筹能力、发展眼光，在全校范围内打造礼仪文化、果树文化、孝心文化和食育文化，将传统的校园劳动和科学细致而充满人性化色彩的量化评价结合起来，实现学生由"会劳动"向"慧劳动"的深刻蜕变。我们还通过模范学生评选机制，探索学生人格成长的多元评价，引导学生在自评、互评中交流成长经验，分享成长喜悦，在评价中收获反思，在评价中体验成长，在评价中刷新自己的存在。

课堂教学是学校工作的生命线。"模范课堂"追求务实、高效，力求在备课、上课、作业和反馈等环节充分发挥教师的自身专业优势，探索教学诸环节的改进提高，将学生的学习诉求和存在的实际问题作为教师备课、教学的出发点和立足点。客观上说，浦东模范的发展经历了从转制、托管到公办校长负责制的嬗变，生源情况和教师队伍发生深刻变化。为更好地服务课堂教学，切实提高课堂效率，扎实推进减负增效，我们提出了"四适教学"的概念，促进"互动教学、精选习题、分层作业、自主学习"的教学行为改进，为学生提供学习经历，让学生在体验、探究、合作和共享中潜移默化地实现进步：（1）备课选择"适宜的方法"。让教师适应学生，根据学生实际和教学内容，选择"适宜的方法"，以积极的视角预设教学过程，发现和解读学生学习过程中可能出现的各种现象（而不是错误），为实现教学目标服务。

(2)上课教师"适度的讲解"。教师依据学生最近发展区做"适度的讲解",以此引领学生获得学习经历,培养学生学习力(即学习的动力、毅力、能力和创新力)。在此过程中,教师以积极的教学内容与途径培养学生积极向上的心态,以积极的过程诱发学生积极的情感体验,落实课堂教学三维目标,从而以积极的态度接纳教与学,塑造积极人生。(3)巩固布置"适量的作业"。基于课程标准,尊重学生差异,根据不同学生实际,进行作业分层探索,布置"适量的作业",逐步完善中考计分学科各年级校本作业。作业贯穿教学过程,以多种作业形式促进多重学习经历。既关注学生学习能力差异,又适当减轻学生过重负担。(4)反馈给予"适当的鼓励"。对不同的学生给予"适当的鼓励",探索按需培优补差的分层教学,让学生在鼓励中积累信心、体验成功,用正面的反馈强化积极的效果。采用对学习困难生的个别辅导、结对帮教等措施,教师做到"作业批改及时、讲评及时、作业订正批改及时"和学习困难学生作业尽可能面批,为学生提供更有针对性的辅导,帮助学生树立学习自信、强化学习动机、丰富学习体验,使每个同学在原有基础上都有所提高。

师资队伍建设是学校可持续稳定发展的保障。(1)师德建设与时俱进。近年来,学校在原有"讲人格、讲品位、讲奉献"的浦模精神基础上,根据习近平总书记"四有"教师的要求,发出了争做浦模"四度"教师的倡议:"人人有气度、思想有高度、言行有雅度、教育有精度"。学校通过党员民主生活会、全教会、教师节、师德座右铭征集等多样化活动加强师德师风教育,加强廉洁文化教育,构建良好师德氛围。(2)专业水平不断提升。多年来,浦模教师专业水平取得跨越式进步,涌现出众多专业发展成果。多位教师晋升中学高级职称;七位教师受聘区级骨干教师,十七位教师受聘校级骨干教师;众多教师晋升中级职称;两篇论文被中国人民大学复印报刊资料《初中语文教与学》全文转载,数十篇论文在《中学语文教学》

《思想理论教育》《中学语文》《中文自修》《当代学生》《浦东教育研究》等各级各类刊物发表,多篇论文被中国知网全文收录;学校"缤纷草木染"课程荣获浦东新区中华优秀传统文化校本课程资源评比二等奖;语文、物理学科教师主编或参编多部学科书籍,一位教师参与沪版《语文综合学习》(九年级)教材修订;众多教师举行市、区、署级公开教学展示;众多教师在各级各类教育教学比赛中获奖并获得各级各类荣誉称号;六位教师参与新区名师基地培训并结业;两位教师担任区学科中心组成员并参与九年级全区统一质量测试命题;三位教师的学科育德课例入选2018年上海市中小学学科育德精品课程。学校语文、数学、英语、综合文科、综合理科教研组先后获评浦东新区优秀教研组。(3)团队共研,激发智慧。浦模通过每学期"一课二上三研四反思"主题教研活动及《教师专业成长档案袋》填写工作,引导教师在课堂教学和学科共研上下功夫,形成特色校本教研,并以2016年新区内涵项目为契机在办学联合体层面向兄弟学校推广,赢得专家领导的肯定和好评,当年项目被评定为优秀。作为浦兴学区化办学领衔学校,浦东模范中学每学期开展学区教学展示交流活动,围绕"基于问题情境·培育创新素养""教研员眼中好课·校长眼中好教师"等一系列主题开展学区交流研讨,取得积极反响,对学区内相关教师的专业成长起到了促进作用。

科学规范的管理是推动学校发展的加速器。我们认为,管理是人的事业,由人文化成,模范管理的核心在人,激活人的价值感、意义感,使之有梦想、愿意干、能干好,是模范管理的根本目标。在进行学校管理过程中,我们牢牢抓住四个重点:(1)价值引领。在全校范围内坚持开展"讲人格、讲品位、讲奉献"的"三讲"教育,鼓励教师积极践行"四有教师"要求,通过各种活动激发教师对教育的热爱和对学校的认同,有效凝聚共识、汇聚智慧、聚焦问题。(2)梦想管理。针对教师的不同特点和不同发展需求进行有针对性的培养,为各级各类教师搭建展示才能和发挥特长的舞台,积极鼓励青年教师参与各类教育教学评比,努力探索成熟骨干教师专业引领的有效模式,为专业发展上有梦想的教师提供更多的业务锻炼机会和学科专业指导,帮助老师不断自我完善、自我提高。(3)情境管理。清晰梳理学校既有工作,厘清条块逻辑,明确岗位职责,把特定的人放在最合适的岗位上,有效实现人尽其才、各展所长。(4)走动管理。管理就是服务,而不是在办公室发号施令;管理是动态的过程,而不是一成不变的按部就班。浦东模范中学坚持按照"自上而下、自下而上"的指导思想进行学校日常管理,坚持"问计于民、问政于民",坚持干部蹲点年级组,有效打通学校行政和一线教学,积极探索和构建多样化的一线教学意见建议收集、处理、反馈和改进渠道,实现行政管理重心下移,更好服务师生、服务教学。

综上所述,"模范教育"就是要培养能够在现实生活中主动克服种种困难挑战,最大限度实现自身内在价值和梦想追求的人,"模范人"应当学会以内心的灵光来引领自己前行的道路,而不能过于拘泥现实羁绊,使自己仅仅满足于狭隘的"成功"。荀子说得好:君子敬其在己者,不慕其在天者。我们希望每一位模范学子都能成为遵循己心的"实干家",而非汲汲名利的"投机者"。

办好人民满意的教育,让孩子们向着优秀生长,"模范人"永远在路上!

第一章 模范文化：优秀第一，成功第二

优秀是对完整人格的充分诠释，优秀是个人禀赋得到自由而毫无保留的呈现。从这个意义上说，"成功"只是相对"优秀"的下位概念。我们着力培养优秀学子，就是想要通过一系列立德树人工作的有效开展，将每个孩子人格中与生俱来的积极品质和潜在能量充分地激发出来，让他们在属于自己的"优秀"中徜徉遨游，自由自在地勾勒出属于自己的、独一无二的成功。

用"筚路蓝缕"来形容浦东模范中学廿载办学历史可谓恰如其分。从最初创办到后来的不断成长,浦模历经三种办学模式和教师队伍及生源情况的深刻变化,其中甘苦全体浦模人记忆犹新。无论外在环境和客观条件发生怎样的变化,全体浦模人始终坚持"讲人格、讲品位、讲奉献"的"三讲"精神,在平凡的教育教学岗位上不断诠释和丰富着"模范"的内涵。二十年来,花圃里的幼苗已长成参天大树,"模范"文化不断孕育开不败的花朵。

第一节 历史脉络:以模范的名义推进变革

2000年5月,按照有关政策并经上海市教育委员会批准,将上海市金桥中学更名为上海市浦东模范中学,作为上海市中小学办学体制改革试验学校,由上海市劳模协会协议承办。浦东模范中学的发展经历了转制办学(2000年5月—2007年8月)、委托管理(2007年8月—2011年8月)和公办校长负责制(2011年9月至今)三个阶段。

20世纪90年代中后期,浦东大地改革开放如火如荼,大量外区和外地人员积极参与浦东新区的开发开放和各项社会建设,人口密度和人口结构发生深刻而巨大的变化,1997年成立的上海市金桥中学就是在这一大背景下应运而生的一所公建配套学校。可以说,金桥中学是浦东新区发展过程中由农村向城市化转变的历史见证。金桥中学所在社区人员主要包括杨浦区老旧小区动迁居民和浦东地区农村原住居民两大部分,金桥中学的生源全部来自这些家庭。金桥中学迎难而上,艰苦办学,培养和塑造了一些较为优秀、敢于负责、乐于奉献的教师,为浦东模范中学的后续发展奠定了一定的师资基础。

2000年伊始,上海市开始进行重大办学体制改革试验,当时的浦东新区社会发展局审时度势、抓住契机,在全市范围内遴选优质办学资源和办学力量,在原金桥中学办学基础上创办上海市浦东模范中学,由上海市劳模协会负责承办,聘请原上海市第二中学校长吴小仲担任首任校长,又先后聘任周承钰、宋爱华等资深德育和教学管理者参与学校各项工作管理。在上海市浦东模范中学2000年至2011年转制办学和委托管理期间,学校聘请沪上各学科资深特级教师、专家和教研员定期到校开展观课、评课和教学指导,通过形式多样的带教结对形式,帮助浦东模范中学教师切实提高自身专业素养,提高课堂教学效益,在很短的时间内就使学校各方面工作在原有基础上取得重大进步,赢得了社会的广泛认可和高度好评。具体而言,学校在干部队伍建设、师资队伍培养、规章制度完善和教学管理上开展了很多工作。

干部队伍建设方面,管理模式由扁平化向层级化循序推进。浦东模范成立伊始,学校师生数量少、学校建制规模小,原有自上而下的多级管理模式与学校实际办学规模难以匹配,为了能够更为高效地实现学校管理,及时帮助学校领导班子把握学校大局、掌控办学细节,从而实现基层教师与学校行政的有效沟通并进而就教育教学的理念方法迅速达成高度认同,吴小仲校长领衔的学校领导班子决定实行"扁平化"管理模式。"扁平化"管理模式是指由校长和分管德育、教学的两位副校长直接介入年级组及教研组的各项日常教育教学工作,各年级组长、教研组长直接向分管副校长负责,从而增进沟通、压实责任。通过这种管理模式,浦东模范中学领导班子一方面迅速摸清学校家底,一方面也使学校崭新的办学理念、办学目标和"讲人格、讲品位、讲奉献"的"三讲"师德要求得以贯彻,在第一时间凝聚共识、团结人心、明确目标、统一行动,这就为浦东模范中学后续高位持续发展奠定了扎实基础。2007年至2011年,学校经历了由转制办学向委托管理的转型,由吴小仲领衔的浦模管理中心接受委托对学校进行日常管理。在此期间,学校开放地段招生,学生数量急剧增加,生源质量发生深刻变化,师资需求不断提高,学校规模迅速扩大,学校教育教学资源的高效合理布局重构成为学校发展过程中不可回避的新挑战。面对新情况,学校开始进行中层干部队伍建设,逐步实现学校管理由"扁平化"向"层级化"的转变。设置政教处、教导处、教科研室、总务处等中层岗位,遴选优秀中青年骨干教师或后勤人员参与学校事务管理,邀请名校资深校长对相关教师进行干部履职培训,通过制定和完善一系列规章制度,明确各部门权力职责及分工范围,确保学校在规模迅速扩大的情况下继续保持高位稳定的良好发展态势。

师资队伍培养方面,浦模探索出一条教师专业发展由专家引领向带教共研转变之路。为更好促进浦东模范中学教学质量进步,吴小仲校长采取"输血""造血"双管齐下的策略。一方面,通过延聘经验丰富的退休教师加入浦模教师团队充实学校教师队伍,提升学校学科专业实力,传播优秀教育教学做法;另一方面,还长期邀请市级学科教学专家、教研员、特级教师每周来校指导教师专业成长,为学科教学"输血"。一时间,众多沪上学科教学翘楚耆宿纷纷莅临,通过磨课、听课、教研组活动和举行学科专业知识比赛等形式给予教师精心指导,使教学面貌焕然一新,教学成绩取得长足进步,并逐渐形成语文、英语、数学等优势学科。进入委托管理阶段后,师资队伍不断扩大,返聘教师逐步解聘,教师平均年龄日趋年轻,师资队伍教学经验不足的现象有所凸显。另一方面学校管理者审时度势,在继续邀请专家来校指导的同时,大力推进本校成熟教师与青年教师开展"青蓝结对",使青年教师专业发展处于成熟教师的"全天候"关注之下,帮助青年教师发现问题、修正错误、打造细节,在培养和造就学科专业人才的工作中取得显著成效,实现了人才培养由外部"输血"到自身"造血"的转变。

规章制度建设方面,学校通过建章立制营造关注细节的良好氛围。学校高度重视建章立制,采取自上而下、自下而上的方式,开展各项规章制度的建立与完善,稳妥推进学校依法依章办学。学校发展的前十年,建章立制兼顾规章制度与操作规范,给予专业岗位职责、专门场所使用规则及教师日常教育教学行事规则以同等关注和重视,确保学校各项工作规范有序落实到位。学校的各类规章制度不仅对专职岗位教师和专门人员的工作方法进行了细致厘定,还将其他涉及全体教职员工的日常行为细节也纳入建章立制的考量范畴,对每个学科、每个年级的日常教育教学行为进行逐条细化,从学科教学五环节和年级工作常规化的视角出发,针对各项工作设计规定动作并设置相应评价标准,真正使"细节决定成败"的观念深入人心,使学校各项工作在细节上彰显责任,在细化中传承品格,在细腻处打动人心。

教育教学管理方面,学校坚持行规品德和学业成绩两手抓、两手硬,使模范教育焕发异彩。学校建立伊始,就高度重视学生德、智、体、美、劳全面发展。吴小仲校长一贯秉持"育人育分两手抓"和"育人为先"的教育理念,并在各项教育教学工作中加以落实。在行规品德培养上,学校编制具有校本特色的行为规范评价标准,将学生每日在校的各项行为举止细化为九十二个环节,并对每个环节进行量化衡量,以此作为一个班级行规质量考核的评价依据,全方位、多角度促进班级和个人行规水平提升。学校善用劳模资源,作为"全国著名劳动模范活动基地",每年五月浦模校庆之际,校园必将迎来一批特殊客人——全国著名劳模。劳模的每一次到来,都是师生接受爱国主义教育、革命传统教育和敬业奉献教育的宝贵机会。浦模定期开展"走访社区劳模·传承工匠精神"系列活动、"百老讲师团"进校园活动,其中"劳模进校园"活动从创校以来已连续举办18届。学校大力打造校园文化,以"星级厕所"评比、"绿色学校创建"和孝心教育活动为契机,孵化学校如厕文化、果树文化和礼仪文化,加强校园文化认同,在全校范围内营造积极端正、风清气正的育人氛围。学校对"孝心教育"内涵进行具有模范特色的解读,提出"四心"教育:"政治上让父母放心、学习上让父母舒心、礼仪上让父母称心、生活上让父母少操心",为构建和谐亲子关系、家校关系划出了重点。教学管理上,学校坚持分管干部负责制,通过"一课三研四反思"主题教研活动激发教师钻研教材,鼓励教师加强沟通,引导教师自我反思。通过年级组、教研组质量分析,关注学科教学薄弱环节和班级管理的不足之处,通过经验交流和专家指导,扬长避短、查缺补漏,形成你追我赶、共同进步的良性竞争。转制办学和委托管理期间,学校中考成绩持续保持新区最前列,为浦东基础教育作出了贡献,赢得了社会的高度肯定,产生了良好的社会效益。

2011年8月起,浦东模范中学结束委托管理,进入公办校长负责制办学阶段。学校发展开始面对一系列新问题、新挑战。按照有关政策要求,作为公办学校浦东模范开始接受政府的各项考核督导,生源质量、结构开始发生深刻变化,因转制和托管期间自主招生而带来的办学红利不复存在,各项办学考核要求不断提高,与此同时老百姓对优质公办基础教育资源的呼声不减。面对新问题,学校在学习继承、突破创新上做文章,传承模范精神,不断摸高攀登,在支部党建、干部培养、师资发展、课程育人、教育科研、学校管理、智慧校园等领域取得了一系列新成绩。

支部党建上平台,文明和谐有高度。2015年学校成功晋升为浦东新区一级党支部。多年来,学校以党建引领为抓手,围绕中心工作抓支部建设,着力做好五个方面工作：(1)推进建章立制，强化主体责任。(2)加强纪律约束，落实监督责任。加强推进"党要管党"，加强党对学校全局工作的领导和监督。(3)加强班子建设，承担一岗双责。确保党建工作密切联系学校工作实际。(4)充分发扬民主，自律他律并举。加强党内民主建设和群众民主监督，严以律己、带头垂范。(5)积极开展学习，不断提高站位。始终保持初心，坚定不移发扬党员先锋模范作用。在文明和谐创建工作中，"文明单位"是一所学校的综合荣誉，我们在学习传承的基础上，狠抓文明单位的创建工作，以两年上一个台阶的速度，先后荣获2011—2012年度浦东新区教育系统文明单位称号、2013—2014年度浦东新区文明单位称号、2015—2016年度上海市教卫工作党委系统文明单位（文明校园）、2017—2018年度上海市首届文明校园。浦模人一步一个脚印，不断迈向学校文明和谐新高度。

干部培养有成效，师资发展成果丰。作为曾经的浦模办学联合体领衔学校和如今的浦兴学区化办学领衔学校及"英才学盟"首轮盟主学校，浦东模范中学做好了管理输出、干部队伍输出。2011年以来，作为办学支持主体，开办了浦东模范实验中学；培养了两名本校副校长出任浦东模范实验中学和浦兴中学校长；培养了一名教师担任浦东模范实验中学政教主任；作为教育局校长见习基地，为兄弟学校培养校长、书记各一名。在校内干部培养上，本着"给岗位、压担子、问实效"的原则，先后提拔副校长、政教主任、教导主任、教科研主任及两名中层副职干部，进一步细化管理分工，努力确保学校各项工作有序推进。学校坚持以科研引领师资发展。几年来，浦模先后申报并完成浦东新区区级内涵项目《模范教育的实践研究》《教师成长档案袋的建设与实践》，区级重点课题《浦模精神引领下提升教师育德能力的实践研究》和市级课题《绿色指标引领下提升教师育德能力的实践研究》等多项课题项目。在课题实施过程中，我们着力关注"如何改进课堂教学，如何规范教学行为，如何夯实课程执行力度，如何优化师生关系"，并将这些问题的解决同教师"育德"能力的提升关联起来,引导教师从过去狭隘的"德育"观念中摆脱出来,将"育德"同一切教育教学行为联系起来,形成育人工作的高位思考。在此过程中,浦模涌现出众多专业发展成果:三位教师晋升中学高级职称,众多教师晋升中级职称;两篇论文被中国人民大学复印报刊资料库全文转载,数十篇文章在各级刊物发表,多位教师主编或参编学科专业书籍;众多教师举行各级公开教学展示;五位教师参与新区名师基地培训,众多教师在教育教学竞赛中获奖;多位教师荣获"上海市园丁奖"。学校目前拥有中学高级教师9人,区级骨干教师7人,区学科中心组成员1人,校级骨干教师13人,师资梯队完善,教研氛围浓厚。学校语文、数学、英语、综合文科、综合理科教研组先后获评浦东新区优秀教研组。

课程育人显特色,社会责任勇担当。多年来,浦模努力推进学校立德树人工作,打造"立德树人"育德课程。该课程分为活动育人和学科育人两个板块。目前,活动育人主要包括学习劳模精神系列活动、"模范学生"评比活动、"学生成长日志"活动、社会实践系列活动和校园文化创意活动。学科育人主要包括基础型课程学科育德、拓展探究型课程学科育德。2014年以来,学校开展"模范学生"评比活动。此项评比不框定项目、不限定名额、不单方评价,只要孩子有优点长处,就能被纳入评优视野,学生本人、同学和老师都可参与评价,为全面关注孩子的成长发展特点,充分肯定孩子的个性特长提供了可能。孩子们通过"模范学生"评比不断修正行为举止,在全校范围内形成了追求卓越的良好风尚。学校还设计《学生成长日志》,同学们在日志中制定学期成长计划,开展个人小结,每天用它记录当天作业任务、学习体会,镌刻成长印迹,反思成长得失;家长、老师可评价留言,是学生成长的生动见证。《学生成长日志》已经成为陪伴浦模学子学习生活好伙伴,也是教师了解学生心理动态和进行家校沟通的有效载体。学校坚持学科育人的课程化导向。瞄准建立"基础扎实、和谐发展"的基础型课程、"拓宽视野、主动发展"的拓展型课程、"体验过程、合作发展"的探究型课程的目标,每学期开设拓展和探究型课程50多门,形成"缤纷草木染、机器人创客、水火箭、花儿为什么五颜六色、百草园、淮剧表演、音乐剧、女足、射击"等特色拓展和探究课程。著名淮剧表演艺术家梁伟平亲自担纲浦模淮剧社艺术总监,年轻的浦模淮剧社成员们勤学苦练梨园基本功,目前淮剧社学员已熟练掌握《八女投江》《玉杯缘》《捡煤渣》等多个淮剧经典唱段,并在2018、2019年浦东新区戏曲展演中崭露头角。"缤纷草木染"课程获得中华优秀传统文化校本课程资源评比二等奖。浦东模范中学作为浦东新区优质品牌学校坚持服务社会、服务学生、敢于承担、乐于奉献,追求自身社会效益最大化,在兄弟学校中发挥了良好的辐射带动和发展引领效应。2013年至2016年,浦东模范中学领衔组建浦模办学联合体,坚持专业沟通、文化交流和校际合作,共同完成2015年新区内涵项目《教师成长档案袋的建设与实践》,被评定为优秀,获得多位专家的高度认可,档案袋建设成果被参与学校广泛沿用。2015年开始,浦模担任第一教育署联合体学校"生活探究"课程领衔学校,在课程开发、专业引领等方面发挥积极作用。2016年,浦模成为浦兴学区化办学领衔学校,在师资交流、教学研讨互动、校园文化联动、社区文化建设等方面持续发挥积极作用。浦模先后与江苏上岗实验中学、江西南昌井冈山东山希望学校、甘肃陇西雪山小学、崇明区长明中学成为结对学校,为这些学校提供力所能及的帮助,并邀请相关学校师生来校访问。近年来,学校先后接待外省市人员来校观摩、学习、交流达100多次,两位教师赴疆支教。浦模立德树人工作视频通过市教委遴选,在2018年全市校园长培训中公开发布,取得良好反响。学校学科育德工作在市教委教研室《课程改革与教学研究专报》上面向全市推广。

课堂教学讲"四适",教学管理精细化。良好师德是实现"师艺"提升的前置条件。在践行习总书记"四有"教师要求和传承浦模"三讲"精神基础上,学校提出

"人人有气度、思想有高度、言行有雅度、教育有精度"的"四度"倡议,教师在良好氛围中扎实奋进,努力实现课堂教学提质增效。在此师德背景下,浦模实施"四适"教学,力求丰富学生学习经历,更好实现课堂教学育人:(1)备课选择"适宜方法"。根据学生和教学实际,选择"适宜方法",积极预设教学过程,发现和解读学生学习过程中可能出现的各种情况,更好聚焦教学目标。(2)上课教师"适度讲解"。教师依据学生最近发展区做"适度讲解",以此引领学生体验学习经历,培养学习能力。(3)巩固布置"适量作业"。基于课程标准,尊重学生差异,根据学生实际进行作业分层探索,布置"适量作业",逐步完善中考计分学科各年级校本作业。(4)反馈给予"适当鼓励"。对不同学生给予"适当鼓励",探索培优补差的分层教学,为学生提供更有针对性的辅导,帮助学生树立自信、强化动机,使每个同学在原有基础上有所提高。

教学工作坚持过程和目标的有机统一,做好绩效监控。(1)干部蹲点一线,强化教学指导。坚持领导班子成员蹲点教研组、年级组制度,深入教学第一线,帮助解决实际问题,及时做好调控,确保教学质量高位稳定。(2)做好计划安排,强化目标管理。各科任教师根据学校教学整体目标和学科教学目标,按年级学科要求,做好教学常规工作和学科特色活动。教研组每学期开展"一课二上三研四反思"主题教研活动,结合教师专业成长档案袋填写,关注专业发展,探索教学策略,落实教学改进,打造教研共同体。(3)实行多方评价,监控教学全程。各教研组开展教学研讨,坚持定量、定性考核,加强学生作业监控管理,规范学生作业格式和教师批阅,采取多样措施促进作业布置科学、适度、有效,提高教学实效。期中期末开展学生座谈会和评教活动,听取学生、家长意见建议,并反馈信息、提醒改进。(4)抓好质量监控,重视分层跟进。学校构建学校-年级组(教研组)-备课组-个人的四级质量监控体系。根据质控平台数据,结合学情分析到位,教导处开展全校质量分析,及时发现教学中的优点不足,寻找改进及优化措施。统筹各方力量,关注"优秀学生"培养提升;组织、协调好托底工作,保持与特殊学生及家长的沟通,做好学困生成长手册(心之桥)填写记录,帮助提升学习自信和动力。

教育科研金钥匙,助力师生共成长。 2012年以来,学校抓住"教师育德能力""教师专业成长"和"学生素养培育"等关键问题,先后申报多项市、区两级课题和浦东新区内涵项目,取得了一系列阶段性研究成果。通过这些课题的申报实施,教师的专业素养和能力得到显著提升,学生的学业质量水平和综合素养稳中有进,校园文化和特色课程建设引人瞩目。(1)教师育德能力提升。2014年9月起,浦模先后通过区级重点课题《浦模精神引领下提升教师育德能力的实践研究》和市级课题《绿色指标引领下提升教师育德能力的实践研究》,围绕教师育德能力的提升展开探索。结合学校实际,我们将教师育德能力分解成三个主要方面:教师以身示教能力、教师学科育德能力和教师活动育德能力,通过设计一系列活动有针对性地从以上三个角度出发,全面培养教师的育德意识和能力。通过市、区两级育德课题的实施,浦模先后取得一系列相关荣誉:首届"上海市文明校园"(上海市文明单位)、2015年浦东新区教育系统"关心下一代工作先进集体"、2015年度浦东新区"青少年心理健康教育工作先进集体"、2015年度浦东新区教育系统"五好"关工委组织、上海市"十三五"家庭教育指导实验基地、上海市中小学行为规范示范校、2015—2017年度浦东新区未成年人思想道德建设工作示范校、2015—2017年度浦东新区未成年人思想道德建设工作先进集体、上海市浦东新区学生体质健康促进协会会员单位;语文、数学、英语、综合理科教研组获评浦东新区优秀教研组。目前,浦模已建设完成了包括课程育人和活动育人两个板块的"立德树人"工作范式,在特色课程建设和特色活动组织上取得了一系列成果。(2)教师专业能力的提升。2015年初,浦模成功申报浦东新区区级内涵项目《关于构建教师专业发展的过程性和阶段性评价体系的实践研究》并结题。在此基础上,浦模又于 2016 年申报内涵项目《教师成长档案袋的建设与实践》并成功结题。通过连续两年对教师专业成长评价模式的思考探索,浦模完成了具有学校特色的《教师专业成长档案袋》的设计并在全校范围内投入使用。浦模将教师成长档案袋的使用同学校"一课二上三研四反思"主题教研活动结合起来,关注教师专业发展过程性素材的收集和教师团队专业互动的经验积累,在专业发展上取得了一系列喜人成果。(3)学生综合素养的培育。几年来,在市、区两级育德课题引领下,学校打造完成了以活动育人和课程育人为主体的学生综合素养培育格局。活动育人方面,通过学习劳模精神系列活动、"模范学生"评比活动、"成长日志"填写活动、社会实践活动、文化特色创意活动、校园节日及国际交流等活动培养学生奉献进取精神、主动创造能力、自我反思意识、运筹组织能力、文化创意水平和跨文化交流能力。课程育人方面,遵循"科艺结合"原则,力推新课程,开设"机器人'创客'、缤纷草木染、射击、中草药'百草园'、淮剧表演、音乐剧、花式跳绳"等多种特色课程,与上海中医药大学、上海淮剧团及著名淮剧表演艺术家梁伟平等组织或个人展开深度合作,启动梁伟平名师工作室,多管齐下促进学校课程品质跨越式发展。学校活动育人成果多次被东方网、新民晚报、澎湃新闻等主流媒体报道,取得良好社会效应。众多学生在各级各类学科或艺体竞赛中获奖,学生综合素养显著提升。目前,浦模正在积极推进区级重点课题《新中考改革背景下学生创新素养培育的实践研究》,根据新中考改革的政策导向进一步调整和优化基础课程内涵,通过特色校本课程的深度开发,提升学生创新素养,使学生和教师更快适应新中考改革要求,实现自身价值最大化。

智慧校园促管理,信息技术提质量。 2019 年,上海市浦东模范中学成功申报浦东新区创新智慧校园项目,目前正在积极推进建设。学校现已配备校园网络,新课表系统、教学质量分析系统软件和数字广播系统硬件,拥有室内演播设备一套,高分辨率室内电子显示屏幕两块、户外电子显示屏一块,学校全部教室配备蓝牙扩音设备,全部教室安装摄像监控设备,所有教室实现电子交互白板设备全覆盖,学校目前拥有录播教室、语音教室各一间。学校拥有人脸识别和体温测量系统一套,24个教学班级均安装电子班牌,已基本实现考试阅卷和质量分析电子化。学校在创新智慧校园建设过程中与相关科研企业积极合作,已经初步投入使用的创新应用包括智能化阅卷和质量分析系统、智能化人脸识别与体温测量、智能班牌、互动式平板教学系统、智能化语音教室等。利用智能化阅卷和质量分析实现考试阅卷和质量分析的电子化,提高阅卷效率和阅卷质量,更好地完成考试数据分析,为衡量课堂教学质量提供更为精准的评价依据。利用智能化人脸识别与测温系统,将师生考勤和新冠防疫有机结合起来,实现学校考勤管理和疫情防控的技术整合,通过"一站式"采集通道,高效安全地做好学校疫情背景下的门禁管理和考勤管理工作。利用智能班牌打开学校数据新视窗,实现班级教育教学多元数据的即时查询,实现校园信息互联,打造更为活泼亲切的校园文化宣传平台。智能化语音教室的投入使用,更好地对接了新中考改革对英语学科考查的新要求,切实推进了对学生语言水平和存在问题的快速精准评估,致力实现基础学习、同步课程、话题表述的交互立体推进,构建更为多样多元的语言教学场域。

学生评价大数据,孵化课程跨学科。 2019年以来,学校结合新中考改革学生综合素质评价工作实际,积极探索构建基于大数据的教学和德育评价系统:(1)构建课堂教学信息采集和反馈系统,实现每个学生个体上课情况的数据采集和个性化描述,根据相关数据完成学生个性化作业和辅导方案的即时生成和点对点推送及后续复习指导跟进;(2)将学生行为规范和道德养成相关数据的采集与学校"模范学生"评选工作结合起来,根据这些行规数据对每位学生进行行规画像,更准确地描述学生在校行规情况,并及时完成相关行规的数据建模,为学校行规评比和德育工作开展提供科学依据和有效范式。基于新中考改革跨学科案例分析的新要求,学校积极优化升级基于人工智能的校本特色课程:(1)立足浦模"缤纷草木染"课程的原有资源和经验做法,积极推进课程由经验型向科学型的转变。在相关信息技术介入的大背景下,实现原有课程从传统手工艺劳动体验型课程向学生试错能力和甄别及比较能力培养的科学类探究型课程的华丽转身。通过引进相关数据采集方法和数据分析软件,引导学生通过实验和比较的方法对不同浓度的紫甘蓝染料与不同纤维成分织物间色牢度匹配程度数据的检测和分析,探究染液浓度与织物类型的理想匹配方案,实现学生自主探究能力的有效提升,打造创新素养培育的品牌课程;(2)立足浦模"中草药'百草园'"课程的既有资源和经验做法,积极推进"百草园"与"机器人创客"课程的跨界融合。探索"百草园"课程基地的信息化、技术化革新。拟在百草园花床中铺设相关管线设施,并以购买服务的方式完成相关小程序或 APP 的开发,实现对百草园植被土壤水分饱和度、土壤营养成分、土壤微生物系统环境、土壤酸碱度、光照时长及光照强度的实时监控,通过小程序或相关 APP 实现相关数据的传输和分析,并完成对课程参与者的推送,课程参与者根据推送数据和相关学科知识进行研判,利用软件或小程序驱动相关智能设备对植被完成适度补光、滴灌或施肥,提升学生利用专业知识解决实际问题和正确决策的能力;(3)在相关体育特色课程建设中,通过引进体能数据监测手环实现对课程参与者出勤、呼吸、心率、血氧饱和度等重要数据的实时监测,以便更好实现个性化体能训练指导。开放软件程序实现体能手环与移动终端的数据共享,实现学生体能训练和项目成绩的即时分析,动态生成学生的个性化体能训练和项目训练方案,更好针对运动员的短板精准有效训练,切实预防意外伤害性事件发生。

经过全体浦模人的共同努力,学校学业质量多年来保持高位稳定,连续十年办学绩效考核优秀,作为浦东新区优质品牌学校,目前获得和保持的主要荣誉有:上海市首届文明校园;上海市行为规范示范校;上海市健康促进学校;上海市安全文明校园;上海市依法治校示范校;上海市少先队优秀大队;上海市金爱心集体;上海市节水型学校;上海市无烟单位;上海市红十字工作优秀学校;全国青少年校园足球特色学校;中国创造教育学会创造教育专业委员会实验基地;上海市家庭教育指导实验基地;上海市爱国拥军模范单位。

第二节　学校文化:以模范的精神营造氛围

校园文化是一个学校的灵魂。缺乏校园文化的学校只是一个培训机构,或许可以处处运转,看似能够有条不紊,但由于缺乏有力的价值引领,师生的存在感和意义感难以与学校发展形成有效维系,在循环往复的教学活动中人的热情和创造力会迅速耗尽,各种问题也会应运而生,最终影响的仍然是教育教学的成效。多年来,学校秉持"立格　求品　乐业"的校训精神,自创校以来,高度重视校园文化的培育和营造,着力关注良好校园氛围、学习风气和师德师风建设,先后形成了"三讲"精神、"四大文化"和"模范文化"。其中,"三讲"精神是学校教师文化的核心;"四大文化"是学校学生文化的核心;"模范文化"则是对学校教师和学生文化的进一步提炼和深化,是对学校二十年办学思想的高度总结。

一、"三讲"精神

"三讲"精神是指：讲人格、讲品位、讲奉献。这是浦东模范中学创办人吴小仲校长根据学校办学实际和办学目标提出的师德要求。讲人格是指教师在开展教育教学活动的过程中，应当始终坚持正确的理想信念，始终坚守高尚的道德情操，始终坚定育人的初心目标。讲品位是指教师在开展教育教学活动的过程中，应当关注自身文化素养、艺术修养、眼光能力、态度方法、思维品质等的全方位持续发展，实现自身综合素养的全面进步，从而更好服务教育、培养人才。讲奉献是指教师在开展教育教学的过程中坚持乐于追求、不畏艰难、甘于付出、不讲私利、勇于探索、不断拼搏的精神，实现劳模精神与模范教育的完美融合。

2014年，学校结合区级重点课题《浦模精神引领下提升教师育德能力的实践研究》的申报实施，就如何根据学校办学的新情况进一步丰富"三讲"精神内涵开展了一次全校范围内"自上而下、自下而上"的大讨论，这次讨论就"三讲"精神的内涵进行了充分的研讨交流和解读，并最终在原有基础上对"三讲"精神内涵进行了重新表述，赋予"三讲"精神以更为丰富的崭新内容。

经过大讨论，我们进一步确认，学校教师文化的核心是"讲人格、讲品位、讲奉献"的"三讲"精神。具体而言，"讲人格"的内涵是：宽严有度，关注学生全面发展，既教学生做人，又教学生做事；言行一致，能够控制自己情绪，说话让人接受，做事让人信服；真诚热情，主动融入，懂得感恩，有话好好表达，有事好好商量。"讲品位"的内涵是：尽善尽美做人，积极主动工作，诚实守信，坚韧不拔，传递正能；宁静致远修身，养成高雅情趣，懂得欣赏，热爱艺术，谱写和谐；细致入微思考，精益求精做事，注重反思，不断改进，追求质量。"讲奉献"的内涵是：有强烈的责任心，做好每一件事,善待每一个人,全心全意服务学校发展;有积极的进取心,提升学识修养,丰富教育实践,尽心尽力做好教育工作;有无私的仁爱心,理解学生需求,等待学生成长,诚心诚意关怀学生发展。

二、四大文化

四大文化是指:果树文化、礼仪文化、孝心文化、食育文化。浦东模范中学在二十年的办学历程中,根据学校实际和学生成长发展的客观需求,坚持将学生文化的营建和校园环境建设、学校制度建设、后勤保障建设等工作有机结合起来,根据学生的年龄特点和学校的工作实际,我们先后形成了四大学生文化。这四方面学生文化关注了人与人、人与自然、人与传统、人与自我的和谐共进,旨在引导学生构建博爱、勤俭、恭良、孝悌、友善、包容的精神世界和人格品质,实现学校立德树人工作效益的最大化。

浦模校园栽满杏树、梨树、李子树、柠檬树、樱桃树等品种多样的果树。秋天果实累累,一派丰收景象。尽管果香宜人,果实模样诱人,却没有谁随意采摘。浦模学子看重分享,具有"物我两美"的自觉意识:在追求美好事物的过程中,浦模学子不仅积极培养自身审美素养,还善于等待、善于观察,能够在分享中将美好传递出去,在等待中实现美好的增值。每年水果成熟的时节,校园一片斑斓、果香四溢,同学们在学校的统一安排和负责老师的带领下小心翼翼地采摘果实,并分发给师生,让每个浦模人都能享受到丰收的喜悦和自然的馈赠。此外,为了更好关心爱护校园果树,丰富知识积累,学校以班级为单位开展果树认养活动,每班根据果树特点制作富有特色的果树铭牌,这些铭牌介绍了果树的名称、原产地、生长习性和外形特征,在制作铭牌的过程中,同学们积极协作,参考相关资料和书籍,并得到了相关学科教师的指导和帮助,铭牌的制作不仅丰富了大家的知识,还提供了一次小组合作学习的宝贵机会,每个学子都能够参与其中,为拥有属于自己的果树而自豪。

礼仪是一个人文明精神的外化表现。《周礼》有言:"凡国之大事,治其礼仪,以佐宗伯",《史记·礼书》也指出:"至秦有天下,悉内六国礼仪,采择其善。"可见,礼仪的本义是礼节和仪式,最初是就国家层面而言的,是一个国家精神和文化面貌的外在表现。后来这个词语的内涵逐渐扩大,被引申为泛指一切约定俗成的表示人际间彼此尊重的语言和行为方式。礼仪的具体表现形式随着时代的不同会发生深刻的变化,但礼仪形式背后不同主体之间彼此尊重谅解的精神实质是永恒不变的。浦东模范中学自创校以来就一贯重视青少年学生的礼仪文化培养。通过制定精细化的行规准则和每学期的文明班评选、模范学生评选等做法,对学生在校学习生活的各个方面进行礼仪规训、行为指导和科学评价。这些规定涉及校园生活的各类细节,甚至对学生在校如厕的具体要求进行了详细分解和解读,培养学生文明如厕的良好习惯,激发学生文明礼仪从每一个细节做起的意识和观念。此外,学校还在每年新生入学之前举行新生训练营活动,通过辩论、竞答、演讲等多种形式,开展学校行规知识教育,引导新生尽快熟悉校园礼仪文化和行规要求,实现自身行规素养的提高,刷新自身精神面貌,更好适应崭新的浦模校园生活,迈好初中生活第一步。

"政治上让父母放心、学习上让父母开心、礼仪上让父母称心、生活上让父母少操心"是浦模坚持落实了二十年的孝心教育活动总目标,这一目标的制定是对培养怎样的人、怎样培养人、为谁培养人、谁来培养人等一系列重大使命问题的积极回应。每当假期到来,学校会给孩子布置"五个一"活动,引导孩子从日常行为入手践行孝心文化,并设计多元评价,在孝心培养上形成合力。假期老师们的朋友圈里,孩子们精心制作的美味佳肴和关爱长辈的种种行为细节早已成为刷屏利器,总是能引来大家的点赞和热议。学校还将孝心文化同劳动教育有机结合起来,引导学生在日常的家务劳动中践行孝心,通过主题班会、网络打卡、美篇制作等多样化形式,记录和展现同学们在家庭生活中的劳动能力、劳动素养和劳动成果,并设计多元评价方式,让家长和同学都介入到家庭劳动的评价过程中来,在展现学生劳动成果的同时,也更好地传递责任意识和孝心文化。

食育文化是浦模四大"文化"之一。文明就餐是个人素养的体现,凡是在校用餐的同学都注意用餐秩序。在班级内用餐的六年级的孩子们下课后,安静排队有序领取自己的饭菜和例汤。在食堂用餐的孩子们,进入食堂后都能整齐安静领取餐盒并在指定位置就餐。浦模学子在就餐过程中不高声喧哗、不走动打闹,用餐完毕后,能够将饭盒和就餐工具放在指定位置。浦模学子还积极发起光盘行动,形成良好氛围,许多爱挑食的孩子在光盘行动中受到同伴的影响和鼓舞彻底改正了浪费粮食的坏毛病,不仅能够自己光盘,还能够带动和帮助更多学生参与光盘行动。学校在营造食育文化的过程中,积极扮演好自己的角色,为学生餐饮质量的提高积极努力,还创造性地设置"生日面"制度,在食堂的特定位置设置生日专座,为当天生日的同学提供美味可口的生日面,赢得了学生和家长的一致好评。

三、模范文化

模范文化是对"三讲"精神和"四大文化"的进一步升华和总结,努力在积极提炼学校廿载办学经验的基础上,将学校教育教学的各种工作与"模范教育"形成深度关联,在赋予"模范教育"以更为深入全面的内涵的同时,更好地将"模范"两字贯穿于学校立德树人工作的方方面面,从而为学校持续高位稳定发展指明方向。

模范文化的根本是：向着模范生长。其中，标杆是"模范"，着眼在"生长"。

这里的"模范"是指模范课程、模范学生、模范教师、模范管理、模范校园和模范精神。所谓模范课程就是理想的课程，这类课程不仅关注双基的有效落实，更要积极调动信息技术资源，实现课程变革，落实学生自主高效发展，引导学生在学习过程中培养质疑、解难和创新的能力。所谓模范学生是指德智体美劳五育和谐发展的新时代社会主义现代化事业的合格参与者和接班人。所谓模范教师是指师德素养优良、教学本领扎实、敢于面对挑战，勇于自我反思，不断自我进步，乐于无私奉献，愿意为学生的全面可持续和谐发展贡献力量的教育工作者。所谓模范管理是指在模范精神和模范文化的引领下，能够有效点燃师生教育教学和个人成长梦想；让每一个孩子都能得到适合自身发展诉求的教育指导，让每一位教师都能最大限度发挥自身的特长；充分实现管理从调度安排到躬身服务的转变，实现管理目标、管理手段和管理动机的人性化、科学化转型的管理模式。

"生长"意味着生命，而生命是一个不断相续、除旧布新的过程，"向着模范生长"想要表明：成就"模范"的道路永无止尽，成就"模范"的步伐永不停歇。我们致力于培养和激发师生远大的梦想，用梦想去回应现实，用梦想去点亮未来，使每一个浦模人翘首瞻望前程，敢于并勇于成为远处的"模范"，不断自我刷新，做一个永远在路上的"模范人"。

第三节 战略定位：以模范的气魄展望未来

党的十九大明确提出，中国特色社会主义进入新时代，我国社会主要矛盾已经转化为人民日益增长的美好生活需要和不平衡不充分的发展之间的矛盾。这是关于中国发展全局和战略的新的重大判断。

办好人民满意的教育,办好老百姓家门口的好学校是浦东模范中学的一贯追求,也是对新时代社会主要矛盾的积极回应。作为浦东新区优质品牌学校,浦东模范中学将一如既往办有影响力的好学校;作为浦东复旦附中教育集团的成员校和浦兴学区化办学的领衔学校,浦东模范中学将积极汲取优质办学资源和先进办学思想,丰富办学内涵,积极探索学区化办学的新思路、新方法、新途径,在带领浦兴学区更快更好发展的同时,努力实现自身办学绩效的跨越式进步,为新区基础教育事业的蓬勃发展再立新功、再谱新篇。具体而言,我们想从如下方面深入推进,开展工作。

一、擦亮"模范"品牌,培育"模范"学生

学校持续高度重视以"劳模精神"为核心的"模范精神"的梳理、传承和发展,努力在育人工作中打好"模范"牌,做好"模范"人,彰显"模范"特色。着力做好如下工作:

1. 梳理内涵,优化教育

明确提出学校教育哲学元概念:模范教育。在此基础上提出我们的教育信条,并将原有办学理念调整为:向着模范生长。定位学校课程理念:让每一个孩子拥有存在的意义感。在此基础上,学校对办学历史与文化进行梳理,定义"模范教育",提出模范德育、模范课堂、模范课程、模范教师、模范管理、模范校园、模范文化等一系列概念,全面诠释和指导学校各项工作,将学校立德树人工作与"模范教育"全面关联起来,实现模范教育内涵的不断丰富和与时俱进。

2. 加强宣传，凸显效应

以电子班牌、户外大屏幕等硬件设备为载体，做好新时代劳动模范的宣传工作，进一步推动模范精神的有效传承。营造学习模范精神的良好氛围，引导学生继承模范传统、发扬工匠精神、实现个人价值、努力回馈社会，实现个人核心素养的跨越式进步。

3. 探索实践，优化评价

进一步加强学校育人工作顶层设计，借助智慧校园建设，对标新中考改革学生综合素质培养的内涵要求，创建模范学生综合素质评价平台，全面、科学、客观、规范地记录学生品德行为、学业成绩、劳动素养、身心健康、艺体素养等各类数据信息，逐步实现学生综合素养相关信息的大数据集成。

二、优化课程，打造师资

学校将在课堂教学、课程建设和师资建设上做文章、下功夫，在智慧校园建设的助力下，不断探索特色课程的智慧赋能和师资队伍的智慧转型，着力做好如下工作：

1. 加强骨干引领，锻造"四适"课堂

以各类课题项目的实施推进为契机，进一步加强"四适"课堂建设，鼓励青年教师和科研骨干参与课题，加强课堂教学实践研究，切实提升教学效益。继续深入扎实开展"一课二上三研四反思"主题教研活动和《教师成长档案袋》填写工作，面向学区举行高级、骨干教师教学展示活动，透过扎实的教学实践活动总结、优化和提炼"四适课堂"的学科标准，实现课堂教学的减负增效。

2. 孵化特色课程，提升智慧品质

学校积极落实创新素养培育教研组建设，努力营造跨学科智慧碰撞的教研氛围,并以此为契机加强特色课程孵化,为新中考改革背景下跨学科案例分析和项目化学习的校本化推进做好准备。在智慧校园建设的助力下,努力推进各类既有特色课程的智慧升级。

3. 扎实稳步推进,培养智慧教师

以智慧校园建设为抓手,扎实稳步推进师资队伍的智慧化转型,鼓励和引导教师积极提升信息技术应用水平,努力实现大数据背景下课堂教学效益的最大化。积极探索大数据背景下跨学科案例分析、项目化学习的实施路径和有效做法,为培育学生创新素养和综合素质进行有益尝试。

作为上海市文明校园,浦东模范中学将坚持秉持模范精神,扎实推进模范教育,努力践行模范品格,勇于创造模范成绩,办好人民满意的基础教育和家门口的好学校,引领学子向着模范茁壮生长、成就远处的模范。

第二章 模范课程：向着优秀奋力奔跑

模范是向着优秀奋力奔跑的过程，模范课程是一个不断丰富和完善的体系。课程设计的根本目的是引导学生不断实现自身价值，获得内涵发展，在原有基础上努力将自身潜在的优秀品质挖掘、激发出来。凡是能够引导孩子丰盈自身价值的课程都是模范课程所欢迎的。通过模范课程，孩子对自然、对社会、对道德、对生命的认识不断深化，在此过程中，优秀的品质被不断放大，孩子的成长不断迈上崭新台阶。

上海市浦东模范中学的前身是上海市金桥中学,于 1997 年 9 月开办。2000 年 7 月起,按照有关政策并经政府批准,成为上海市中小学办学体制改革试验学校,由上海市劳模协会协议承办,并更名为上海市浦东模范中学。2007 年 9 月 1 日起,学校实行"公办体制,中心托管"的办学体制。2011 年 9 月 1 日起,学校实行校长负责制的公办体制。

经过二十年的耕耘由一所薄弱学校成为一所浦东新区优质学校,成绩的取得是经上海的一代劳模辛苦浇灌、艰苦创业、勇于担当、抚育而生的,是以吴小仲校长为代表的浦模人,凭着对教育的忠诚、事业的执着,追求精细管理、讲求作风严谨的成功实践。学校成为上海市重点中学老校长联谊会和全国著名老劳模活动基地,与浦兴社区劳模建立了常态化联系机制。

第一节　课程理念:让孩子向着模范生长

浦模校名题名者为我国著名的桥梁结构力学专家、土木工程学家和杰出的教育家,全国劳模李国豪院士。李国豪的名字总是和桥梁联系在一起,他的一生都专注"造桥",造的是有形之桥,让交通便利,天堑变通途;造的也是无形之桥,树科研精神,育祖国英才。他一生钻研桥梁研究与设计科学,创造了许多桥梁建筑。

作为一名模范的教师首先要学习李国豪院士树立远大目标和理想,还要有正确的学习态度,不断地充实自己,不断学习新的知识,才能够给予学生更多;还要因材施教,不能用一把尺子衡量所有的学生,要学会发掘每个孩子身上的闪光点。

因此,浦模明确提出自己的教育哲学:"模范教育"。在我们看"模范教育"是追求本心的教育。"模范"是一种走心的教育,通过学习"模范"遗留下来的精神财富,不断练"心",擦去"心"之尘埃,达到唤醒本心的目的。

"模范教育"是和谐发展的教育。学校的发展、学生的发展、教师的发展不和谐是绝对的,和谐是相对的,从不和谐向和谐发展是我们办学的出发点和归宿,也体现在我们办学的全过程。这是一个动态的过程,能最大限度地将教职工组织起来,激发大家的主动性和积极性,投入到学校的工作中来。

基于对"模范"哲学思想的理解,我们形成了如下教育信仰:

我们坚信,教育是向善的事业;
我们坚信,学校是优秀的荟萃地;
我们坚信,教师应是为人处世的模范;
我们坚信,向着模范生长是教育最美的姿态;
我们坚信,每一个孩子都是生活在远处的模范;
我们坚信,让每个人拥有存在感和意义感是教育的神圣使命。

基于上述教育哲学,我们提出学校的办学理念:让每一个孩子向着模范生长。浦模在贯彻国家课程、地方课程的前提下,立足学校的发展,以"和谐"文化作为学校的核心文化,把"和谐发展"作为育人之本,以活动为源,以质量为基,培养高素养的"模范少年",建立具有"模范"教育特色的品牌学校。基于此,浦模提出了"让每个人拥有存在感和意义感"的课程理念。

因此,我们将学校课程定为"模范课程",在"和谐发展"文化的引领下,师生共成长,教师和孩子都能够向着模范生长。

我们认为,一个人的格局有多大,人生的舞台就会有多大。学校秉承"和谐发展"的精髓,构建多样化的课程满足学生动态发展的需求,全面提升学生的素养,塑造学生纯真善美的优良品质。

浦模经二十年的办学凝练出"立格 求品 乐业"的校训,已经成为每一位浦模人努力奋进的内驱力,为学校课程改革和内涵发展奠定了文化基础。

第二节 课程内容:让课程激发智慧素养

我们培养心胸开阔,大气豁达,具有良好的道德品质的模范好少年。这里的孩子性格开朗,彬彬有礼,拥有健康的体魄,顽强的意志力;他们不仅有丰富的知识,还知愧、知恩、知耻,有正确的人生观、价值观;懂得实践的重要,富有劳动观念,掌握了丰富的劳动技能。

学校基于"模范教育"之哲学以及学校课程目标,设置了"和谐课程"体系,包括德尚课程(自我与社会类)、心智课程(逻辑与思维类)、健稳课程(体育与健康类)、美姿课程(艺术与审美类)、创慧课程(科学探索与劳动类)五大领域课程。我们根据"和谐课程",结合学校三类课程资源情况,对课程的内容体系进行系统设置。

一、基础型课程：轻负担、高效益

依据《课程方案》《课程标准》和《课程指导纲要》中的规定和教学实际需要，对学期教学内容、教学总课时数、周次、课次，包括新授课、复习、检测以及组织实验、参观等活动作出科学、合理的时间分配和全面规划，安排好教学进度，填好教学进度表，制定切实可行的学期教学计划。

表 2-1 基础型课程

课型		科目设置
基础型课程	语言文学学习领域	语文、英语
	数学学习领域	数学
	社会科学学习领域	道德与法治、历史、地理、社会
	体育与健身学习领域	体育与健身
	自然科学学习领域	物理、化学、生命科学、科学
	技术学习领域	劳动技术、信息科技
	艺术领域	音乐、美术

二、拓展型课程：拓宽视野、和谐发展

拓展型课程是在基础型课程的基础上进行知识上的扩展和潜在能力的发展，着重培养为学生终生学习打基础的发展性学力，兼顾学生创造性学力培养的课程。

1. 从培养目标出发,规定每个学生必修的科目

表2-2 学生培养目标

学生培养总目标	
以四大品性和四自原则为核心,培养学生成为具有诚信心、合作心、感恩心、责任心和行为自律、交往自信、人格自尊、人生自强的人。	
分年段培养目标	
六年级	严格要求,规范行为,培养习惯,形成集体——自信+习惯
七年级	严谨活泼,夯实基础,注重方法,讲究效益——自律+感恩
八年级	重视基础,讲究综合,树立目标,自律自强——自强+责任
九年级	携手互助,自主发展,注重细节,摸高攀登——自主+合作

表2-3 校本德育课程设置

"仪式教育"团队活动课程		
六年级	新生入学训练	升旗仪式;少代会仪式;入团仪式;节日、纪念日庆典仪式
七年级	红领巾换戴仪式	
八年级	十四岁生日仪式	
九年级	毕业典礼	
"缤纷节日"校园文化活动课程			
三月	学雷锋活动月	九月	民族精神教育月
四月	生命教育月、春游	十月	体育节
五月	艺术节、科技节	十一月	秋游
六月	十四岁生日活动	十二月	英语节、元旦迎新活动

(1) 分层开展学生行规礼仪和道德养成的校本德育课程。

(2) 为培养学生"在政治上让父母放心,在学习上让父母开心,礼仪上让父母称心,在生活上让父母少操心",学校在各年级开展了孝心教育的德育课程,分年级提出不同目标与任务。

(3)进一步丰富学校文化,促进学生"绿色"发展,在开展多年的"学习劳模、争当模范"主题活动的基础上,拓展"模范"概念和内涵,开展"模范学生评比"的德育课程,开展"慧劳动"的课程积极探索,力求从学生学习动力指数、品德行为指数、身心健康指数加以研究,引导学生追求卓越、重视细节、着眼优质,通过自身的努力来形成对一个或几个"模范标准"的践行和认同,从而在相应的层面上提升学生的若干素养和能力,培养出具有时代特征、具有社会责任感和个性健康发展的阳光学生。

(4)从学科角度出发建设的有"写字""数学史与数学文化""阅读""听说训练"等拓展型课程。

2. 从个性需求出发,学生可以自主选择科目学习

每学期学校提供50多门选修科目(见表2-4),给学生的自我发展提供多元选择。主要涉及:学科拓展类、科技活动类、生活技能类、体育健身类、艺术类等。

表2-4 拓展型课程

拓展型课程	自主拓展部分	学科类	英语阅读、数学思维、历史学习班
		社团活动类 科学	百草园、水火箭、电脑作品制作、世界真奇妙、缤纷草木染、机器人创客(初级及进阶班)
		文学	古诗文阅读、经典阅读、经典诵读、儿童文学影视欣赏
		社会	身边的法律小常识、心理社团
		艺体	淮剧、音乐剧、女足、男足、射击、合唱、口琴、民乐、"布止如此"、橡皮章制作、女生健美操、羽毛球、田径、花式跳绳、身体素质训练
		技能	救护包扎、浦模之声广播电台、穿越生活指南
	限定拓展部分	专题教育 "两纲"	民族精神教育、生命教育
		节庆	英语节、科技节、艺术节、体育节、元旦迎新
		其他	青春期、心理健康、国防、民防、消防安全、法制、预防艾滋病、毒品、环境等
		班团队	根据实际选择内容、模范学生评比
		社会实践	社会考察实践活动、社区服务活动、孝心教育

三、探究型课程：体验过程、合作探索

作为浦东新区教育综合改革项目《中小学生创新素养培育研究》实验校，基于学生发展需求与日益增多的创新型人才需求，学校已经建立了涵盖"学习、礼仪、自律、服务、孝心、环保、体锻、文艺、自护、爱心"十个一级指标和两个自选一级指标的模范阳光学生评选机制，明确学生应具备的适应终身发展和社会发展需要的必备品格和关键能力，突出强调个人修养、社会关爱、家国情怀，更加注重自主发展、合作参与、创新实践。自主开发探究课程"生活探究""实验探究""西方英语国家文化探究""化学实验探究""家庭实验探究"，初步形成"我的校园生活探究、我的科学问题探究、我的学科主题探究"系列。

表 2-5 探究型课程

	课程名称	开设年级
探究型课程	生活探究	六年级
	实验探究	七年级
	西方英语国家文化探究 化学实验探究	八年级
	家庭实验探究	九年级

同时开设"缤纷草木染""水火箭""百草园""校园原创歌曲创作""气象与生活"特色系列课程，力求突破书本知识的局限，从生活、社会现实中提出问题，深入自然，开展探究参与性的体验、实践等，利用多学科知识促进学生合作、交流能力提升，学会探究方法，提升探究能力。

1. "缤纷草木染"课程是借助我国传统的草木染色技术开发而成的一门创新

素养培育课程。草木染在我国历史悠久,它的染色技术、环保观念、色彩文化,无不蕴藏着无数先民的智慧。但随着人工合成染料的发明,草木染渐渐淡出人们视线,以致于鲜有人知。将传统技艺草木染作为六年级探究课程的主题,一方面学生可以学习实践传统染色技术,感受祖国传统文化,另一方面,这个相对全新的课题正是开展探究性学习的最好媒介。在对传统、新知不断求索的过程中,学校尝试全面培养学生创新素养能力。

课程分七个单元,分别为:初识探究课,认识草木染,草木煮染实践,豆浆绘探究,探寻夹扎染,留住大自然的色彩敲拓染,回顾、整理与总结。首先引导学生对中国传统艺术草木染的历史、优缺点进行查找,了解草木染的"前世今生"。带领学生走出教室,对校园、小区中的植物仔细观察并选择后,再采、敲、染来实践草木拓染;通过实验探究不同布料着色能力的强弱;实验对比不同媒染剂在染色中对色素的影响;探究与实践豆浆绘绘画方法等;探究与实践夹扎染染色技法。多项活动的设计和开展,培养了学生收集整理资料、展示演讲交流、观察记录、设计实践、总结反思等多方面的探究学习能力;培养了学生在传统文化的浸润中,学古、摹古、传承、创新的能力;培养了学生感恩自然、与自然和谐共处的素养。

课程开设至今,经不断积累,校本课程教材《缤纷草木染》上下两册,已编撰形成,并在区中华优秀传统文化校本课程资源评比中荣获二等奖。

2. "水火箭"课程是引导学生把学习到的零碎知识与机械的学习转变成一个从不同角度探究世界相互联系的过程。学生从查找了解水火箭飞离地面的原理出发,根据原理设计水火箭,再进行水火箭制作、发射试验、发射竞赛等活动。

课程分六个阶段进行:水火箭探究制作活动规则及评价标准、水火箭发射高度因素推测探究、进行发射试验发现设计中存在的问题并对其原因进行分析、利用所学知识进行水火箭的改进制作并填写活动报告、改进水火箭进行第二次试验、根据探究试验的结果改进水火箭并进行水火箭的发射竞赛活动(考查水火箭飞行距离和滞空时间)。

在整个项目实施过程中,充分利用网络,以问题引导的方式指导学生系统化地思考和分析,培养学生综合运用物理、数学、工程、技术等知识进行多角度思考,提高综合解决问题的能力。学生在整个系列教学活动中不单单获得了制作、竞赛的快乐,还增强了自然科学素养和环保意识,养成了科学研究的态度,更能体会"学以致用"的快乐。

3. "百草园"课程中"踏青寻百草,慧眼识真材"活动与校春游活动相结合,让六、七、八年级学生不忘在娱乐中观察身边的一草一木。六年级:慧眼识"株"——用"形色"等软件寻找、识别身边的中草药,并图配文介绍;七年级:寻草配诗——为寻找到的中草药配一首诗词,诗词中需含有中草药的名字;八年级:为你写诗歌——为寻找到的中草药创作一首诗歌,诗歌中需含有中草药的名字。春游不只是野外踏青,春游也可以在休闲中提升创新素养能力。

此外在老师的带领之下,学生们为百草园中20种中草药和校园内50多种植物制作识别铭牌,为每种草药设立二维码。并根据这些草药特性,设计卡通形象。全校师生扫描二维码,即能了解这些植物的更多药用价值,并与学校《小护士报》合作开辟专栏,将中草药知识向全校师生宣传。

4. 校园原创歌曲创作比赛,每年都会在学校艺术节如期举行。比赛中学生们演唱的歌曲都是由学生自己谱曲填词的班歌,比赛结束会评选出最佳演唱和最佳原创歌曲。

班歌演唱表演能力的培养是以梯队的形式逐步提高的。首先是班级梯队,以班级为单位,提高班级梯队合唱水准。接着是校园歌手大奖赛,为班级梯队中的优秀歌手提供展示平台。最后推荐进入校队,进一步得到深造。使这部分学生通过更专业的合唱训练,提高演唱技巧、舞台表演等专业技能,提高音乐综合素养,引导学生进入音乐更深层的理解和创作中。校园(原创)歌曲创作活动培养学生用歌曲创作的方法勇于表达自己情感,激发学生创作出属于本班的原创歌曲的自豪感。

2015年,浦东新区原创校园歌曲征集比赛中,学校获得了可喜成绩。有六首原创歌曲获奖,由学生和老师合作创作的校歌《超越自己》还荣获了新区"十佳原创校园歌曲大奖"。浦东电视台为这首歌曲录制 MV,并在浦东改革开放 25 周年之际献唱于浦东红领巾剧场。

5. "气象与生活"课程结合上海市中小学生"气象与生活"主题活动的比赛内容和参赛方法,对七年级全体学生进行了辅导和动员,组织学生参与浦东新区气象科普网络答题活动。学生在全区网络答题初中学段中答题次数最多、平均分最高,获学校优秀组织奖、优秀教师指导奖,并脱颖而出代表浦东新区参加下半年的市级比赛。

在备赛市级"科技现场秀"活动中,课程组以"海绵城市"的原理和对生活产生的影响为主题,拟定以"新闻发布会"为主要展现形式,结合模拟传统城市的内涝现象为辅助演示。之后,课程组制定活动方案,借助土壤、陶土、砂石等材料制作实验器材,模拟下雨、路面吸水的过程,对照传统城市内涝现象。活动中学生化身小记者,来到杨浦区五角场下沉式广场实地展开实验、拍摄视频,并编排情景剧用于上海市气象局组织的"气象与生活"主题活动科学秀展演。该课程最终荣获展演一等奖、学校优秀组织奖、优秀教师指导奖。

对于社会资源的利用,采取从学生的需要出发,以专业级的素养为条件,选好、用好社会资源。坚持"走出去"与"请进来"相结合的策略。"走出去"包括师生与校外相关高校、院所、组织团队的交流;"请进来"包括专业师资、专业课程的引入。

1. 专业引领的音乐剧社团

音乐剧社团的师资均来自上海音乐学院等专业院校的专业声乐老师、专业舞蹈老师和表演老师。这样的专业团队,不仅开拓了学生眼界,也保证了学生在成长中少走弯路。尽管老师们选择的曲目有相当难度,但在专业引领下,孩子们从零起步,稳扎稳打,循序渐进,逐步掌握唱、跳、演,再逐步在市区各级比赛中越来越自信,并取得不俗成绩。

2. 名流云集的"浦模雅韵"淮剧社团

淮剧社团的师资配备上,专门聘请淮剧大师梁伟平老师担任客座教师。2018年10月8日,淮剧名师梁伟平工作室启动仪式在浦模隆重举行。同年聘请上海淮剧团赵国辉(国家淮剧一级演员)、王琴(国家淮剧一级演员)两位老师指导学生们日常兴趣培养、基本功锻炼。2019年,梁伟平大师亲传弟子钱薇、王俊杰加入师资队伍。2019年下半年由淮剧团陈金兰老师精心指导。学校还邀请淮剧表演艺术家孙建弘老师来校为师生作"百家笑谈进校园"的淮剧专业讲座,提升师生审美能力。淮剧社团的每一位引领者都有着不俗的专业身份,可谓名流云集。

3. 体验创作的机器人创客课程

机器人创客课程的师资和课程也同样是由学校从校外相关专业团队引进。学校专门聘请了中科院下属的新松机器人的教育团队——"造个机器人实验室"的老师和工程师担任客座教师。2017年2月开始,由王磊(造个机器人实验室创客课程资深教师)为六年级学生开启机器人创客的基础教学,以软硬件相结合的形式,培养学生的创新思维和人工智能方面的基础知识;2018年由崔家庆(造个机器人实验室创新项目开发工程师)带领初二学生利用所学知识,探讨和研究新的创新项目,解决生活中存在的不智能、不便利的问题,比如人工智能自动浇灌装置、迷你型扫地清洁机器人、自制无人机等，学生的所学能在实际生活中得到体现和运用，做到真正的动手创新和学以致用。

四、课程实施

学校坚持发展素质教育，充分利用学校和社会的课程资源，优化课程结构，全面体现办学理念的特色教育体系。

成立以校长为组长的校本课程研发工作小组，校长是校本课程开发与实施的主要决策者和责任人，教导主任分管校本课程开发工作，教导处是校本课程管理的行政机构，负责任务与意见的上通下达，教科研室负责校本课程开发实施。

教师是校本课程开发的设计者、直接参与者和具体实施者，参与课程整合与开发，积极探索达成课程目标的方式、方法、策略和手段等。

学生根据自己的兴趣、爱好和特长，主动参与相应的校本课程活动，在活动中发展特长，张扬个性，提高动手实践的能力。

学校在品质课程建设中，积极营造模范文化氛围，让师生们体悟、创造出一种潜在的弥漫浸润于整个校园的精神风范。今天，模范文化的形成是模范人内化于心，外显于行的一个由表及里、由量变到质变的不断积累、不断升华的渐进过程，也成为学校所有成员的精神追求与力量源泉。

为了保证学校品质课程建设扎实有效地开展，在"和谐课程"的研发与实施过程中，要建立健全以下四项基本制度。

一是审议制度。教师提出课程申请，提交课程纲要。课程领导小组民主审议并填写审议表，然后向申报人反馈审议结果并跟踪指导。申报者修改完善后进行二次申报，二审后公布结果。审议通过的课程，才能实施；

二是考核制度。将"每位教师至少开发或参与一门校本课程的开发和实施"作为学校绩效考核的内容之一,将教师课程开发和课程实施情况与绩效工资挂钩;

三是课程成果展示制度。每学年开展一次学生校本课程成果展示活动,展示学生们在校本课程中的收获、体验和成长;

四是推广制度。定期评选的优秀课程要通过"校内推广""媒体宣传""社区辐射""参加高级别评选"等形式进行展示交流,为其更好的发展积累经验。从而引领其他课程的品质,以点带面促进全面提升。

第三节　课程评价:让评价实现多元多样

学校充分发挥评价的激励、导向和调节功能,采用定性与定量相结合、过程性评价和阶段性质量评价相结合的评价方式,探索与课程相适应的评价与考核制度;逐步建立项目多元、形式多样的评价体系,尝试以教师自评为主,课程主要负责人、教师、学生、家长共同参评的多元评价方式,形成促使教师不断提高和学校课程不断发展的崭新的评价机制。

一、基础型课程评价

1. 对学生的评价

基础型课程评价主要采用过程性评价和阶段性质量评价两种方式。其中,阶段性质量监控是质量评价的主要形式,过程性评价是阶段性质量评价的补充。

(1) 阶段性质量评价。阶段性质量评价是为了全面了解某一阶段学生学习质量的情况,检验学生对课程的理解与掌握的达成度,为教师改进下阶段的教学提供参考和依据,以此促进学校教学质量的均衡发展。在阶段性质量评价中期末成绩占40%,期中成绩占30%,平时成绩占30%。安排好各学段学科质量监控的学生考试。音乐、美术、体育等学科由教师根据学生学习态度、学习能力、学习效果等方面,在学期结束时,给予综合性阶段质量评价。

(2) 过程性质量评价。过程性评价是为了全面了解学生的学习表现、学习能力、实践能力。通过评价,有效地促进学生的学和教师的教。各学科教师根据学生的课堂表现、作业完成情况、质疑能力等方面的情况,结合《上海市学生成长记录册》,给予学生优、良、合格或须努力的评价。根据中考改革的要求,特别组织好"道德与法治、历史"学科的日常考核赋分及公示工作。

2. 对教师的评价

加强课堂教学的检查与评价。学校领导、中层领导、教研组长深入课堂,推门听课,随机听取教学情况。每学期定期检查和抽查教案、听课记录、作业批改情况。每次重要考试后进行年级组、教研组质量分析,通过分析和小结,能够起到对教师阶段教学的评价作用。

二、拓展型、探究型课程评价

1. 对学生的评价

与实施《上海市学生成长记录册》结合,做到形成性评估与终结性评估的统一,注重以下几点:注重过程。课程评价关注学生学习活动的过程,尤其关注学生在活动过程中能力的提高、情感体验的衍生、态度与价值观的形成;强调自评。课程重视学生自我评估、自我调整、自我改进,使学生在评价过程中学习、进步。

2. 对教师的评价

教师有体现教学过程的相关资料,包括计划进度、教案、总结、考勤评价记录。教师应按学校整体教学计划的要求,达到规定的课时与教学目标。教师应保存学生的作品、获奖证书、资料复印材料。教导处通过听课、查阅资料、调查访问等形式,每学期对教师考核,并记入业务档案。

三、学校评价

学科教学的评价通过学生问卷调查、座谈会记录、学生探究成果、教导处、教研组听课反馈等方式综合评定。

"模范教育"的大幕已拉开,"和谐课程"的蓝图已描绘,"立格 求品 乐业"的征程已开启。我们坚信在"模范教育"的影响下,一批批"政治上放心、学习上舒心、礼仪上称心、生活上省心"的"模范少年"正在茁壮成长!

第三章 模范德育：成为人性意义上优秀的人

你若要问道德是什么，我们会如此回答：道德是老师朝朝暮暮的陪伴，道德是师长絮絮叨叨的教诲，道德是春草在泥土里呢喃生长，道德是游鱼在碧水间泰然游荡。道德在每一个善意的笑容中，道德在每一次规范的举止间。在我们学校，道德不是刻板的教条和喋喋不休的说教，而是润物无声的鼓励，是别具特色的活动，是趣味横生的课程。模范德育引领着每一位孩子们不断提升人格，努力成为人性意义上优秀的人。

德育是学校教育的重要组成。德育水平的高度取决于教师的德育观念和德育手段。浦东模范中学本着"向着模范生长"的教育理念,相信每个学生通过教育都能在原有基础上实现品德的进步。模范德育反对道德说教和硬性灌输,把每个学生视为浑然天成、有待勘测、充满可能的宝藏,用艺术和欣赏的眼光去挖掘每个孩子的道德潜质,用精彩纷呈的活动和富有创意的课程去激发孩子的道德潜能,用科学多样的评价和测量手段去发现和衡量孩子的道德进步。我们不愿孩子在某个道德高度上戛然而止,我们希望孩子的道德水准一往无前。

第一节　教育是美学的:德育的欣赏范型

德育是指针对学生群体的道德教育与培养。毛泽东在《关于正确处理人民内部矛盾的问题》中指出:"我们的教育方针,应该使受教育者在德育、智育、体育几方面都得到发展,成为有社会主义觉悟的有文化的劳动者。"可见,对学校而言,德育是指教育者按照一定的社会或阶级要求,有目的、有计划、有系统地对受教育者施加思想、政治和道德等方面的影响,并通过受教育者积极的认识、体验与践行,以使其形成一定社会与阶级所需要的品德的教育活动,即教育者有目的地培养受教育者品德的活动。

浦东模范中学在"向着模范生长"的办学理念引领下，培养适应时代发展需要和个性特长的"基础扎实，和谐发展"的学生。依托丰厚劳模资源，坚持实施"五育"并举的模范教育：德育实施扎实、智育水平上乘、体育锻炼持续、美育熏陶普及、劳动教育强化。

北京师范大学教育学部檀传宝教授指出，当前德育存在的强制、灌输、放任等问题，其核心是功利主义德育观的弊病，加强和改进当前学校德育工作的根本方法，是进行德育的审美化改造，即德育立美，强调关注道德情感、道德智慧和道德自由，追求德育至境。

浦东模范中学认为，模范德育的价值取向是"向善"。以"欣赏的眼光"看待每一个浦模学子是我们的德育理念，让每一个孩子成为生活在远处的模范是我们的德育目标，让每个人拥有存在感和意义感是教育的神圣使命。为此，学校提出了"德育是一种欣赏"的"欣赏型德育模式"。

一、实现教育主体的"德育美"

师者，承担着传道受业解惑的教育功用。如何让德育教育主体——教师，获得德育教育对象的信任？古语有云："亲其师才能信其道"，就是指学生欣赏教师、从而信任教师、听从其教育教导。教育主体的"德育美"就是教师从内在、外在两方面不断学习、自我锤炼的过程。浦模关注教师的"外表美"修炼，多次聘请礼仪专家就"服饰搭配""丝巾妙用"等主题开展讲座，提升教师作为普通人和特定社会角色的外在气质。学校为教师"道德美"的提升积极搭建平台，每学期伊始开设"师德讲座"，墙壁上展示"师德座右铭"，每学年签订"师德师风承诺书"，系列活动的开展旨在引导教师教育和引导浦模教师以身示范，立足本岗，履职尽责，树立正确全面的学生评价观。檀传宝教授说:"美育的精神实质,乃在于消解对于人的各种异化,求得人格及其发展的自由与完整。"我们坚信,每一个学生都有自己的长处,也有自己的不足,要珍惜呵护每一个学生的天赋潜能,宽容学生身上除德性以外的短处或短板,不用功利的目标扬长避短,要以"欣赏的眼光"看待每一个浦模学子,真正体现以学生为本的宗旨。学校同时注重给教师的成长与发展以展示的机会,"教师节庆祝活动"中"夸夸我身边的好老师"、公众号中优秀教师事迹推送活动,通过学校教师身边的好榜样激发德育教育主体自我发展的内驱力,引导教师自觉加强师德修养,打造出一支"外表美"和"道德美"合二为一,干劲足、能力强、气质佳、精神美的教师队伍,从而实现教育主体的"德育美"。

二、营造教育环境中的"德育美"

要让德育美起来,教育主体的"德育美"是关键,教育环境中"美"的营造是基础。育美,重在德育过程之美。德育过程中的布置、环境建构等外在形式及过程中选择的题材、表现形式、现场效果等内在呈现都应表现"德育美"的价值取向和审美价值。近年来,学校在外部环境中做精做细,通过主题角的设计优化人文环境。"二十四字核心价值观"的张贴、"新时代文明实践点"的设置,引领学生确立正确的社会价值取向;"前人树"阅读一角,让学生在优美的环境中感受校史的变迁;图书馆的"辉煌梯""阳光葵谷"则为浦模学子送去美好的祝福与期待。教室是学生在校学习生活的主战场,学校将设计权交还学生,通过"温馨教室"评比、迎新主题教室布置、"劳动技能"大比拼等活动让教室"活"起来,在设计与评比中挖掘学生潜能、增进团结合作、激发竞争意识,养成良好的劳动习惯。"淮剧传承基地"的引入、钢琴角的创设，营造了艺术美的氛围。注重设计、营造"美"的教育环境，让学生在"美"的环境中浸润，在美丽而富有意蕴的环境中成长。

三、追求育德形式中的"德育美"

德育之本是内化人心，浦模在德育管理和德育主题活动上下功夫，挖掘和呈现反映学生成长、体现时代特色、引领学生发展的每一个美好瞬间。在德育管理方面，学校设置"德育核心小组"，校长主管德育，副校长、学生发展中心及各年级组长参与其中，遇事共商共议，这一机制的设置，为制定、完善各项德育管理制度，提供了有力保障。同时学校还通过少代会提案、设置学生校长助理等形式，在学校和学生间展开对话，了解学生所需，根据实际情况，不断调整、完善各类规章制度。德育主题活动是"育德"工作最常见也最受学生欢迎的方式。学校以"模范学生"评比为主线，开展"学劳模事迹 做模范学生"系列德育活动。"TED"主题演讲活动从身边的共产党员、上海的发展、浦东的日新月异出发，通过身边的人、事、物的变迁，感受时代的脉搏、社会的进步。"讲劳模故事 学劳模精神 做模范学生"是学校一项传统活动，通过劳模故事的宣讲、劳模精神的学习及对劳模生活的探访，让劳模不仅走进了学生的生活，还走进了学生的内心。"迎新 Super Town"的设计则紧扣新中考对德育工作的新要求，不同班级开设不同类型的职业体验商店，既满足了迎新游乐的需求，对学生"职业生涯"的规划也起到引导作用。在一系列主题活动中，鼓励全体教师参与其中，或担任活动开发者，或担任活动监督员，或担当活动指导师，或参与幕后管理，以行动实现全体浦模人一盘棋，人人都是德育工作者的理念。育德的至高境界在于在有声处见真知，于无声处听惊雷，而这是德育管理和德育主题活动所起到的不同作用,也是"德育美"在育德形式中的最好体现。

四、成就德育对象的"德育美"

"欣赏型德育模式"的根本思路是解决传统德育的弊病,成就"德育对象"——学生。学校坚持落实、做细家长满意的"四心"教育,培育政治上让父母放心,学习上让父母开心,礼仪上让父母称心,生活上让父母少操心的浦模学子,以"孝心文化""果树文化""食育文化""礼仪文化"四大特色文化引领,实施模范学生评选机制,让每一个孩子在浦模拥有存在感和意义感。学校校训是"立格 求品 乐业",倡导追求卓越,不甘人后的精神,而这正是"模范"的精髓所在。学校、年级、班级从多个维度定期推举模范学生,通过"浦模奖学金"的设置、"模范金星、银星、铜星"评选、"孝心好学生"、"自律达人"评比等活动,树立身边典型,引领全体浦模学子向好、向善发展。学校还利用晨会、午会、年级大会等时间,依托公众号等平台,宣传榜样故事,引导学生相互发现、相互欣赏、相互促进,从优秀的同行者中汲取前进的力量。

德育是脚踩大地、仰望星空的存在。德育的实践在于扎根于日常教育每一天,从而实现人类的教育理想、培养出理想的人。"欣赏型德育模式"建立在对"美"的追求和发展上,通过构建"美"的思想,营造"美"的环境,实践"美"的形式,实现德育对象道德"价值引领"与主体"自我构建"的和谐统一,使学生当下和未来能够在幸福的学习和生活中提升自我、发展自我、完善自我、欣赏自我。期待每一个独一无二的模范学子都能成为"生活在远处的模范"。

第二节　心灵的植根者：品质提升全辐射

德育是心灵与心灵的融合，是灵魂与灵魂的对话，是智慧与智慧的碰撞，是生命与生命的互动。习近平总书记说，教师做的是传播知识、传播思想、传播真理的工作，是塑造灵魂、塑造生命、塑造人的工作。教师不能只做传授书本知识的教书匠，而要成为塑造学生品格、品行、品味的"大先生"。在学校工作中，人人都是德育工作者。一般来说，教师的德育工作就是教育者完成德育任务的过程。要提升德育工作的质量，教师育德能力即培养学生品德的能力的发展是关键。下面结合浦模工作与发展实际，从教师以身示教能力、教师主题活动育德能力两方面，介绍浦模教师在"欣赏型德育模式"中的探索与实践。

一、精神引领前行

教师育德能力的基础是教师应具备起码的从事德育工作的专业素养，包含道德与文化素养、学科专业素养和教育专业素养。其中，教师个人的道德素养应放在首位，以德立身，以德育德。

"浦模精神"的核心是"讲人格、讲品位、讲奉献"的"三讲"精神。

具体而言，"讲人格"的内涵是：宽严有度，关注学生全面发展，既教学生做人，又教学生做事；言行一致，能够控制自己情绪，说话让人接受，做事让人信服；真诚热情，主动融入，懂得感恩，有话好好表达，有事好好商量。

"讲品位"的内涵是：尽善尽美做人，积极主动工作，诚实守信，坚韧不拔，传递正能量；宁静致远修身，养成高雅情趣，懂得欣赏，热爱艺术，谱写和谐；细致入微思考，精益求精做事，注重反思，不断改进，追求质量。

"讲奉献"的内涵是：有强烈的责任心，做好每一件事，善待每一个人，全心全意服务学校发展；有积极的进取心，提升学识修养，丰富教育实践，尽心尽力做好教育工作；有无私的仁爱心，理解学生需求，等待学生成长，诚心诚意关怀学生发展。

学校始终将"讲人格、讲品位、讲奉献"的"三讲"精神作为贯穿教师所有教育教学行为的一条红线，理论联系实际，探索教师育德能力提升的有效途径，总结提升教师育德能力的有效做法，让教师的个人行为、专业能力和活动能力时时处处体现出自己的高尚人格特点、高雅品位诉求和高贵奉献精神。

习近平总书记提出，要做"四有"好老师：有理想信念、有道德情操、有扎实学识、有仁爱之心。浦东模范中学在庆祝第三十四个教师节活动上，向全体浦模人发出创建"人人有气度、思想有高度、言行有雅度、教育有精度"的"四度"教师文化，为进一步构建和谐校园、培养"五育并举"的社会主义建设者和接班人提供助力。

二、学习中启迪智慧

学校关注研究教师个人的理想信念、优秀的公民素养和行为以及教师的人格魅力为学生提供示范的有效途径。通过"师德讲座"、"师德座右铭"征集及展示、"夸夸身边的好老师"等活动立高尚师德，树教育新风。

1. 师德讲座活动

学校先后邀请王厥轩、赵才欣、于利惠、徐元旦、步根海、张少波、赵连根、沈之霏、高纪良、杨向东、张娜、谢琳、徐颖、吴为民、吴小仲、何婕、骆新等专家、教授、文化人士和领导来校开展师德讲座培训活动，从学科育德、教师心理调适、教师教学能力的测量和评价、上海教育事业的发展和变迁、上海历史文化传统、教师教学范式的调整和优化等多个角度对教师个人素养和育德能力的提高展开培训，为提升教师师德素养与人格魅力、提高育德实践能力提供了理论基础。

2. "师德座右铭"征集及展示活动

培育和提升学生道德素养的基础在于教师自身道德素养养成和提升的自觉性和实践力。为了能够更好地激发教师的道德自觉性，并在全校范围内营造"人人都是育德工作者"的良好舆论氛围，在全校范围内开展了"师德座右铭"的征集和展示交流活动。本次活动以教研组为单位展开，通过教师自选、组内交流和学校审核等三个主要环节，每位教师都确定了自己"育德"工作的座右铭，这些座右铭有的是对经典名句的恰切引用，有的则是对自身工作体会和人生理想的精彩总结。学校课题组为每位教师的座右铭配置了教师工作或生活照片，进行精心排版，在学校宣传栏醒目位置进行发布，引发了全体教师和学生的广泛关注和好评，已经较好地在全校范围内起到了宣传"育德"的舆论效果，在一定程度上激发了教师们"育德工作"的自主性和积极性，也为广大教师提供了一个对照"座右铭"不断完善自身"育德"能力的机会。

3. 教师节主题活动及其他活动

教师节主题活动是浦模加强凝聚力，提升教师育德工作的主要组成部分。多年来，浦模以每年9月10日教师节庆祝活动为契机，开展了形式多样、内容丰富的教师节育德活动。通过朗诵、表演、合唱、视频、照片及颁奖仪式等形式，集中展现浦模教师的育德能力和育德成果，介绍教师队伍中"讲人格、讲品位、讲奉献"的感人事迹，在促进教师团结、激发工作热情方面起到了积极而良好的效果。此外，学校还以校本研修活动为契机,组织全体教师开展了"重阳节登顶上海中心"、观摩优秀话剧表演、观摩优秀音乐剧、新春郊野踏青活动、多伦路文化名人故居参观活动等丰富多样的师德活动,引导教师在了解祖国现代化建设中各方面成果,领略上海深厚历史文化底蕴的同时,丰富了教师的精神文化生活,开拓了教师的视野和眼界,为教师自身道德素养的优化和文化素养的积淀提供了良好的机会和条件。

三、活动中孕育成长

教师对德育的目的、过程、课程、活动、途径、教育策略、方法与技巧等问题的认识,以及对相关事务的实际处置能力等都直接影响到德育活动的具体开展及其效果。教师在日常的课堂教学和其他教育活动的实施过程中都需要特定的组织、交流、沟通、表达、示范等方面的专业技巧。德育观念与技能一方面要靠对心理学、教育学等方面的理论研修去获得,另一方面要通过学校德育的实际训练去提高。浦模通过"心之桥"师生伦理谈话、班主任工作室的开展、特殊学生个案交流等活动从理论和实践上促进教师以身示教的能力提升。

1. "心之桥"师生伦理谈话活动

浦模以学年为单位面向全体教师开展"心之桥"师生伦理谈话活动,并以"心之桥"手册为载体记录一个学年来的谈话过程和成果。"心之桥"手册包括的内容有:(1)师生结对基本情况;(2)师生谈话记录(包括时间、地点、谈话主题、谈话主要内容和谈话效果等要素);(3)教师与学生家长联系记录;(4)结对学生学期突出事例;(5)学期结对小结;(6)师生结对评价等。围绕"心之桥"手册的填写制定了活动实施办法和活动评价办法、评价细则。在评价"心之桥"填写成果的过程中,评价细则关注了评价内容填写和结对效果呈现的统一,关注了教师自评、年级评价和学校评价的结合,为全面合理地评估每一位教师的"心之桥"填写情况和填写成果提供了机制保障。

2. 浦模班主任工作室

浦东模范中学历来注重班主任队伍的建设,从80后班主任基本功的培训到每月一次的班主任工作室活动,浦模的班主任工作始终在有主题、有创新、有实效的道路上探寻。每学期两次的公开主题班会,每学期一次的班级主题案例撰写都为班主任们累积了不少工作素材,也形成了良好的交流氛围,打造出一支踏实肯干、专业成长迅速的优秀班主任队伍。校班主任队伍建设扎实、稳步推进。

近年来,以"浦模班主任工作室"为依托,做好学校班主任工作的设计和管理工作,具体而言,工作室围绕以下主题开展工作:

(1)定期召开班主任工作室成员会议,加强对班主任工作的管理和指导;(2)加强理论学习,提高思想认识;(3)加强业务培训,提高实战能力;(4)分年级开展教育案例交流活动;(5)公开主题班会的观摩和交流活动;(6)班主任心理辅导交流研讨活动;(7)《学生成长日志》及《模范学生手册》使用交流;(8)浦模班主任基本功系列赛活动;(9)"特色班集体建设"交流活动;(10)家班社共育经验交流分享;(11)读书分享交流活动;(12)"浦模文化传承与创新"主题交流暨学期工作思路交流;(13)文明示范班班主任谈班级管理、德育课题个案交流;(14)班主任职责学习与培训活动;(15)各类非常规工作(如迎进博、创建文明城区、抗疫等活动)学习与培训活动。

通过一系列常规化的班主任培训、研讨和交流活动,引导班主任形成规范化的工作态度和工作方法,激发班主任在工作中的主动性和创造性,引导班主任在交流过程中发现问题、思考问题、交流问题进而解决问题,有效地促进了浦模班主任队伍的不断成长成熟,从而提升德育主力军——班主任队伍的执行力与战斗力。

3. 特殊学生个案交流活动

对特殊学生的认知和关注是学校德育工作的重点,也是难点。为此,学校开展了"特殊学生个案交流"活动。每学年小结时,全体班主任会结合一年来班级工作中的设计,撰写特殊学生个案,并在班主任工作会议上展开交流。历年来,多篇优秀案例被推荐在《浦东教育研究》等杂志上发表,并在区、市级班主任基本功大赛中获奖。在这些案例中,教师通过丰富的素材和第一手案例分析了教育教学中的一系列常见现象或问题:(1)如何培养孩子的好奇心;(2)如何培养孩子合作自律意识;(3)如何促进家校合作;(4)如何引导孩子学会感恩;(5)如何与问题学生进行有效沟通;(6)如何正确引导"富二代"学生形成正确价值观;(7)如何做好高知家庭子女教育工作;(8)如何与特殊学生正确交流;(9)如何做好文化层次薄弱家庭子女的教育工作;(10)如何在教育教学中磨合师生关系;(11)如何引导二孩家庭的家庭教育良性发展等。在这些案例交流活动中,班主任展示了自己的教育智慧,也充分听取了同行的建议意见,为班主任工作的日趋完善和班主任团队的合作提供了良好平台。

4. 主题班会的设计与实施

每学期伊始和结束,浦模全体班级围绕开学主题报告举行解读型主题班会和总结性主题班会,是浦模德育工作的传统项目之一。班主任完成主题班会设计并进行实施,主题班会结束后班主任针对主题班会的实施情况进行反思。浦模主题班会设计要求包括如下几方面内容:(1)设计背景;(2)教育目标;(3)班会流程;(4)教学反思。历年来,学校先后以"工匠精神""人文素养""智慧劳动""个人成长"等为关键词指导教师开展主题班会设计和实施。在主题班会的设计过程中,班主任充分发挥自身和学生的创造力,关注细节、关注问题,从学生的日常行为规范和学习成绩入手,从学生的孝心活动和小队活动着眼,从班级的特色发展和年级目标介入,从学生的言谈举止和道德风貌着力,围绕学校如厕文化、果树文化、就餐礼仪文化等固有文化特色和"草木染、机器人创客实验室、淮剧表演"等特色课程开展了形式多样、内容丰富的主题班会活动。学校遴选优秀主题班会在全校范围内进行展示,并就优秀主题班会展开研讨交流活动,丰富了班主任设计和实施主题班会的经验,有效地促进了班主任工作的推进。

5. 班主任基本功大赛

为充分发挥班主任在学校教育工作中的重要作用,促进学生德智体美全面发展,浦模结合学校德育工作计划,阶段性开展校班主任基本功大赛。旨在引导班主任确立人文关怀和心理疏导的理念,科学地应对学生生命成长过程中的困惑和问题,从而提高班主任在建设班集体、引领学生健康成长过程中有效处理事件和解决问题的能力。

近年来,学校班主任基本功大赛聚焦二孩家庭教育的困惑与思考、假日小队活动的经验总结、特殊学生的个别引导、家班共育的思考等热门话题,通过论文征集、现场情境模拟赛、主题班会设计等形式,用"赛训一体、以赛促建、以赛促研"的方式,开展以理论研修为基础,反思实践为重点的班主任工作研究。在共学习、勤研讨的氛围中拓展了活动的外延,丰富了活动的内涵,推进浦模班主任队伍建设可持续发展。

第三节 德育的课程化:品行养成有特色

每一个生命体都是独特存在的,每一位学生都是不可复制的艺术品,学校教育应尊重每一个学生的成长,让每一个浦模学子成为生活在远方的模范。"模范课程"的理念就是基于学生发展的个性需求,搭建丰富多彩的舞台,让他们在自然、社会、学校、家庭的各项活动中发现自我、认识自我、完善自我,在"模范课程"中收获自信,张扬个性,绽放出生命中的绚丽,在浦模的学习和生活中获得存在的价值和意义感。

一、立足劳模课程

习近平总书记说,劳动模范是民族的精英、人民的楷模,是共和国的功臣。大力弘扬劳模精神、劳动精神、工匠精神,激励更多劳动者特别是青年一代走技能成才、技能报国之路,培养更多高技能人才和大国工匠,为全面建设社会主义现代化国家提供有力人才保障。

上海市浦东模范中学与"劳模"这个光辉称号有着不解之缘：2000年,按照有关政策并经政府批准,上海市劳模协会承办当时的金桥中学,并更名为上海市浦东模范中学。

为了全面实施素质教育,加强青少年思想道德教育,浦东模范中学经过多年的实践探索,已建立起"劳模精神进校园"主题教育活动的长效机制,"学劳模事迹,铸工匠精神,展浦模风采"成为学校特色德育课程之一。作为"全国著名劳动模范活动基地",每年十一月是浦兴社区劳模进校园的日子;每年五月校庆之际,校园也会迎来全国著名劳模,其中"劳模进校园"活动从创校以来已连续举办18届。

浦模定期开展班级与劳模结对活动。利用班会课时间,邀请劳模来到校园为同学们讲述他们的奋斗史;利用课余时间,同学们会和青年教工团的老师们一起,前往劳模家中探访慰问。对模范学子而言,"学劳模"不仅是要了解劳模的英雄事迹,更是学习他们在生活中体现的艰苦朴素的风格,在本职工作中展现出的责任担当、无私奉献和工匠精神。正所谓"志之所趋,无远弗届,穷山距海,不能限也",在"劳模精神"的感召下,浦模青年一代让进取成为青春远航的动力,让担当成为青春搏击的能量,让奉献成为青春成长的证明,让青春年华在奋斗中焕发出绚丽光彩。

二、开展"四心"教育

浦模校训是"立格 求品 乐业"。三者相辅相成。只有遵循一定的秩序,养成规则意识和良好的行为规范,才能树立大格局;而一个拥有大格局的人,才能提升对事物分辨与鉴赏的能力,朝着品位高雅、追求卓越的目标不断修身,做一个讲求品味的人;"求品"之人必然对自己的本职工作具有积极向上的态度,追求卓越的目标,才可能实现"乐业"的人生境界和价值。为此,学校从礼仪文化、孝心文化、果树文化、食育文化四方面入手,开展"四心"教育,引导学生成为政治上让父母放心,学习上让父母开心,礼仪上让父母称心,生活上让父母少操心的模范学子。

(一) 礼仪文化

中华民族自古以来就非常崇尚礼仪,号称"礼仪之邦"。孔子曾说过:"不学礼,无以立"。就是说一个人要有所成就,就必须从学礼开始。如今,随着社会进步,人们社交面的扩大,礼仪已成为社会文明的标志,人们的正常生活都离不开礼仪,在人际交往中,讲究礼仪不仅是自尊的表现,而且是对他人的尊重。古人云:"人无礼则不生,事无礼则不成,国无礼则不宁。"礼仪在治国安邦、立身处事中也具有重要作用。它是衡量一个人道德水准高低、有无教养的尺度,也是国民素质的一个重要方面。

礼仪养成教育不仅是个体道德品质和个性形成的基础教育,也是提高全民族道德素质、振兴民族精神、建设社会主义精神文明及构建和谐社会的基础教育。因此,加强对青少年的礼仪教育,不仅能有效地加强学校管理工作,促进学校德育工作的升华,而且更重要的是能够继承和发扬祖国的优良传统文化,引导学生学会关心他人,具有理解、宽容、谦让、诚实的待人态度和庄重大方、热情友好、谈吐文明、讲究卫生的行为举止,从而构建和谐校园和和谐社会。

浦模从细节入手,从日常行为抓起,提升学生个人素养和品味,做"礼仪上让父母称心"的学生。作为上海市行规示范校,学校一直对学生的行规礼仪养成,有较为系统的课程,具体体现在"浦模一日常规"上。浦模行规要求涵盖了七大方面、九十二个项目的评比指标,(从学生入校到离校,从仪容仪表、学习规范要求到垃圾分类、爱护公物等),每年新生入学会将"浦模一日常规"作为必学内容由班主任统一讲解。其他年级也会在每学期开学初进行强化教育,并确定年级突破重点。学校还配有一套检查评估体系,进行严格的督促、检查和及时反馈。每周一午会在全校广播执勤总结,并颁发周行规示范流动红旗。班级行规学期总分作为文明班级评比的重要依据之一。通过每周班级行规评比促进个人行规发展,增强班级凝聚力,提升浦模校园文化建设。

在浦模找厕所绝不需凭借"嗅觉",学校"如厕规范"功不可没。浦模学子一入学就学习如何文明如厕。学校对每个细节都要求明确,并定期根据各楼层学生表现为厕所评级,厕所星级越高,文明程度就越高,学校就为厕所配备更多绿色植物进行装饰,在更好美化如厕环境的同时,也是对学生文明行为的鼓励肯定。

附：浦东模范中学如厕规范

1. 用完厕所，必须及时冲水，手纸扔入纸篓，保持厕所空气清新。

2. 厕所提供擦手用纸（每次限用一张），不得改作他用。

3. 洗手时做到小心仔细，不把水洒到水池外，洗完手以后，轻轻将水甩入水池中，然后用擦手纸将手上的水擦拭干净。

4. 使用过的擦手纸，揉成团（减小纸团体积，便于垃圾桶盛放更多纸团），擦去滴在台面上的洗手液和水迹，扔进垃圾桶中。

随着社会发展，精神需求日益增多，剧场礼仪的重要性也日渐凸显。浦模小剧场是学校进行重大活动的展示场所。在小剧场，学生需要遵循"浦东模范中学小剧场使用规范"，以文明进出场、文明观看、文明互动展现良好的剧场礼仪，体现浦模学子礼仪风范。

附：浦东模范中学小剧场使用规范

1. 在教室门口集合整队，由体育委员带领至小剧场（不同班级不同入口）。

2. 进入小剧场前，在门口由体育委员再次整队，两两对齐。

3. 进入小剧场时，男女生间隔成一路纵队依次进入剧场。进入小剧场时保持安静。

4. 进入小剧场后，男女生间隔依次到达就座位置，站立等待，听候体育委员统一指挥后，全体坐下。坐下过程中要求整齐轻声。

5. 就座后根据需要，听老师命令打开或收起右手边的台板，放板和收板要求使用双手，一只手缓慢地放下，另一只手扶在边缘，确保在放板收板过程中不发出声响。

6. 在小剧场参加教学活动的过程中,要求坐姿端正,人挺直,头不贴椅背,双脚并拢,根据活动内容的需要,做好笔记。在听讲过程中,不交头接耳,不做小动作。

7. 听命令收板后,听候老师安排依次离场。起立时注意手扶椅子。离场时单排轻声离场。出小剧场门后继续回到两路纵队,返回教室。

(二) 孝心文化

古语有云:"百善孝为先"。中国自古以来就讲孝道,在中国传统文化中,这是人之所以为人的一种天性。在新时代,我们仍然要讲孝道。因此,大力弘扬包括孝文化合理价值在内的优秀传统文化,是培育和践行社会主义核心价值观、提升我国文化软实力的一个重要途径。

"孝心教育"是一项在浦模持续了二十年的特色教育活动。学校结合《公民道德建设实施纲要》,配合学校育人目标,推出一系列孝心活动,期待通过实践促进学生全面发展。

1. 主题有连续性,指导有针对性

通过专题教育报告,制订年级分层目标,指导家庭和学生共同开展孝心活动。六年级孝心教育主题"知孝悟孝",七年级主题"行孝感恩",八、九年级主题"与爱同行"。从六年级起,要求学生做到:进出家门说一句问候或告别的话、在家人的生日或节日送一张贺卡或一份礼物;针对学生因年龄增长而可能出现的逆反心理,我们倡导学生对家长"有话好好说、有事好商量"。艺术节分别以"孝""善""诚"为主题,通过经典诵读、小品等形式,演绎传统美德故事。

2. 传统永流传,孝道在日常

(1) 每日有行动,月月有记录。孝心教育一直是浦东模范中学德育工作的重心之一,从"四心"理念中的"生活上让父母少操心"到学校特色德育项目"模范学生"评比中"孝心模范"的设置,都可窥见一斑。秉承孝心见行动的理念,学校希望学生每天能完成一件力所能及的家务,每月在"模范学生"评比手册上自评一个月的落实情况,学期末请家长对学生一学期的孝心活动进行评价和评论。每日有行动,月月有记录,期末有评价,孝心活动不再停留在作业层面,而是重在行动,力求逐渐形成一种习惯,最终内化为个人素养。

(2)简单一桌菜,全家喜洋洋。寒暑假为了保证孝心活动的有效开展,我们提出5个一活动:一项家务,人人确定每日一件家务的内容;一顿美餐或当一天家,按年级次序,从两菜一汤到四菜一汤的要求;一份评价,学生个人完成假期孝心评价表,进行假期孝心活动小结,并请家长进行评价;一次评优,在假期活动总结会上表彰"孝心标兵""孝心好学生";一个专栏,在宣传栏张贴"孝心标兵""孝心好学生"的照片。这些活动不仅帮助学生学会做些力所能及的家务,而是要让他们学会用充满感恩的心去理解父母,与父母、长辈们沟通。

(3)学生活技能,做分类达人。开展"劳动创造美好""乐于劳动,手脑并用"等劳动教育系列活动,引导未成年人在我动手、我制作、我创意中体验智慧劳动的乐趣和快乐。新七年级和新八年级结合劳技课所学,立足生活,从"钉纽扣、整理书桌、叠衣裤"三项技能中任选两项,挑战生活技能,比拼"生活技能达人"称号。做好垃圾分类工作,借助假期在家进行实践,做垃圾分类环保小卫士。

(4)推特色活动,促亲子交流。从2018年暑期开始,学校在传统孝心活动基础中,又推出了"孝心新式样",对学生提出了新要求,如带(外)祖父母去一个浦东地标,吃一个网红餐馆;策划组织(外)祖父母进行一次上海一日游;向(外)祖父母了解一下自己父母(或其他家庭成员)的学业奋斗史/工作奋斗史(感人事迹),用思维导图方式列一张"我父母(其他家庭成员)的奋斗史"等。旨在通过任务形式加强孩子父母和祖父母的沟通，从同学的美篇和家长反馈中发现，这个任务得到了家长和孩子的一致好评。这个举措是在原有的活动基础上，进行与时俱进的活动翻新，抓住家庭和谐的核心要素，通过有时代感的互动内容，让学生与家长加强沟通，达到心与心的联通。

（5）签手机使用公约，自律促家庭和谐。父母因孩子学习而产生的焦虑，从而引发亲子关系矛盾，已成为这个时代的一个顽疾。而症结之一，似乎与网络的日益发达和手机使用的普及密切相关。作为网络时代的原住民，手机和其他平板电子设备可以说是学生出生就在眼前的玩具。但随着学业压力的与日俱增，家长和教师都意识到，这些设备及网络对孩子的负面影响似乎远超过了正向作用。特别是疫情期间开始的线上教学，把手机使用自主权都给了学生，而回到线下学习后，家长们也把孩子学业欠佳的矛头都指向了网络和手机。这也导致了在校的师生矛盾和家庭中亲子关系的紧张。

面对这种形势，浦模对学生手机使用采取了疏导而非封堵的措施。在2018学年第一学期的开学典礼上，校长科学地进行了学生手机使用的分析，九月底八年级开展了基于手机使用利弊的辩论赛（全校观赛）。学生通过班会讨论初定条款，学校行政讨论整合全校各班提出的条款成为公约初稿，年级家委会商议修改，最终形成《上海市浦东模范中学学生手机使用公约》（后称《公约》），后通过在少代会向全体学生进行隆重宣读和解释，根据公约学生填写《浦东模范中学学生校园内手机使用申请及承诺》并由监护人签名，班级公示申请名单。自《公约》在校实施起，手机在校使用状况良好。

在假期中，学生使用手机往往处于失控状态，特别是网课学习的经历，让同学们意识到科学管理时间、合理使用电子产品的重要性。和父母一起制定"假期手机使用公约"，是近年来浦模孝心作业的新特色。从2018学年寒假起，浦模在学校《公约》的基础上,引导学生与家长订立《假期在家使用手机及其他电子产品公约及承诺》,指导家长通过与孩子订立公约,来解决矛盾,建立彼此的信任,培养孩子的契约精神。假期结束,学校根据孩子自评、家长推荐,评出了"寒/暑假自律达人"。相信在爸爸妈妈的监督帮助下,同学们自律意识一定能得到提高,这对家庭和谐氛围的建设也起着积极的促进作用。

爱是天性,是自然属性,爱需要学习。孝是一种爱,那孝道也需要学习。浦东模范中学的孝心活动将不断推陈出新,以"四心"为目标,以"方法"为指引,以"活动"为主线,引领学生为"孝"前行!

(三) 果树文化

绿色映底蕴,山水见初心。一进浦模校园,一颗巨大的香樟树映入眼帘,那就是浦模人引以为豪的"前人树"。树下,几张桌椅圈出了一方静心天地,那是浦模学子最爱的休憩一角。前人树迎送着一代代浦模人来来往往,也见证了浦模二十年来的岁月变迁,是浦模人精神的象征。

浦模校园栽满杏树、梨树、李子树、柠檬树、樱桃树等品种多样的果树。为了更好关心爱护校园果树,学校定期以班级为单位开展"我与果树共成长"果树认养活动,号召学生对班级认养的果树进行自主探究,每班根据果树特点制作富有特色的果树铭牌,大家都为拥有属于自己的果树而自豪,也为他班果树的成长而高兴。

学校还举行果树设计比赛:以果树为原型,学生设计制作卡通图案,学校统一制作卡通公仔,作为迎新礼物送给每一个浦模师生。这一活动实现了自然美、艺术美与人文美的完美结合。

秋天果实累累,校园内一派丰收景象。尽管果香宜人,果实模样诱人,却没有谁随意采摘。累累硕果与充满活力的浦模学子形成"物我两美"的和谐共生美景。浦模学子赏自然之美,更具有分享的美德。每年金秋九月,初三学子会代表全校采摘桔子、枇杷等果实,与全校师生分享的同时,也体现了全体浦模人为初三同学送去的美好祝福。

(四) 食育文化

"历览前贤国与家,成由勤俭败由奢。"无数的历史经验告诉我们,铺张浪费绝非小事。习近平总书记一直高度重视粮食安全和提倡"厉行节约、反对浪费"的社会风尚,多次强调要制止餐饮浪费行为。针对部分学校存在食物浪费和学生节俭意识缺乏的问题,对切实加强引导和管理,培养学生勤俭节约良好美德等提出明确要求。

食育文化作为浦模"四大"校园文化之一,学生得体的就餐礼仪和班级良好的就餐秩序成为浦模学生行规的亮点。这不,六年级的孩子们下课了,他们正排着队有序领取自己的例汤。再看这些食堂用餐的孩子,进入食堂后都能整齐安静领取餐盒并在指定位置就餐。

对食育文化的宣传,重在激发学生节粮惜粮的内驱力,发起"膳食均衡营养,健康步步为'营'"手抄报创作征集活动,希望通过本次活动,引领学生对饮食的探究学习和宣传,有效提升学生"合理膳食,均衡饮食"的科学意识,从而养成在校理性用餐的好习惯,在良好的用餐礼仪中体现个人素养。

浦模学子还积极发起光盘行动,签订"光盘公约",在校内形成珍爱粮食的良好氛围,过去不太爱吃饭或挑食的同学懂得了一饭一菜来之不易的道理,渐渐改变了不良的饮食习惯。

浦模生日面一直是每个浦模学子毕业后对校园的温情回忆。在食堂设置生日面专座,每周三请各班在当月过生日的同学分批前往食堂享用一碗生日面,一碗热腾腾的面,一块大排,虽简简单单,却传递了学校对每一位同学的祝福与关爱。

学校传统孝心教育——寒暑假亲手做一顿饭(六年级学生学做两菜一汤,七年级三菜一汤,八、九年级四菜一汤),为食育文化的推进打下了坚实基础。看似简单的一顿饭菜,在暑天的厨房完成格外炎热,在冬日厨房完成则是寒冷异常。孩子们在高温与寒冷中锻炼了动手能力,体会了父母的辛苦。

谁知盘中餐,粒粒皆辛苦。在这样的"食育"实践中,相信同学们也能领会坚决制止餐饮浪费行为,切实培养节约习惯的重要性和必要性。

三、特色项目探索

(一) 开学典礼报告

开学典礼是学生进入新学年的一个重要仪式。它不仅象征着学生学习历程的提升,还具有丰富的教育意义。历年来,浦模开学典礼通过校长说、老师讲、专家论、学生谈等形式,以"培养适应时代发展需要和具有个性特长的德智体美劳和谐发展的学生"为主线,结合上级工作要求和学校发展实际,对重要教育文件进行解读,对社会热点进行探究,对学生生活进行总结、提升,对校园文化进行选择、重构与传承,提升浦模学子对浦模文化的认同感,为浦模学子在初中阶段的学习和生活提供精神动力。

开学主题报告同时也是学期德育工作和班主任工作开展的重要抓手。每学期,学校围绕开学报告主题,展开常规德育活动以及特色德育活动。班主任围绕开学报告主题,开展主题教育,每学期召开两次主题班会,各年级选择代表进行全校展示,并进行评课研讨,从而促进班主任班级管理及学生思想教育水平提高,有利于实现德智体美劳"五育并举"。

附：浦东模范中学近年来开学典礼报告

2017 学年第一学期开学典礼报告《与友善同行》

2017 学年第二学期开学典礼报告《工匠精神之敬业、坚持、忍耐》(上海社会科学院 陆震教授)

2018 学年第一学期开学典礼报告《追求科学精神 培育人文素养 开启智慧人生 谱写模范篇章》

2018 学年第二学期开学典礼报告《阅读——提升人文素养》(上海电视台主持人 何婕)

2019 学年第一学期开学典礼报告《智慧劳动锻炼能力 全面学习滋养心灵》

2019 学年第二学期开学典礼报告《今日喜团圆 奋进正当时》

2020 学年第一学期开学典礼报告《成就更好的我和你》

(二) 新生入学训练工作

浦模每年举行"新生入学体验营"活动。活动有计划、有分工、有小结,内容充实、形式多样,符合学情、校情。该项工作主要包括如下几方面内容：(1)成立领导小组和工作小组；(2)明确岗位职责,坚持任务落实到人；(3)召开领导小组和工作小组会议,明确训练时间、训练主题、日程安排、岗位职责、评比规则、家校沟通等具体内容；(4)做好入营式和结营式的相关工作；(5)做好其他后续工作。

在"活动育德"这一关键词的引领下,我们的新生入学体验工作围绕"活动"做好文章,设计了一系列丰富多彩且具有浦模特色的特色活动：(1)入学训练测试活动;(2)入学训练册填写活动;(3)行规现场赛及会操表演活动。这些活动通过多样化的形式将书面引导和行为规训有机地结合起来,实现了新生入学训练效果的最大化,开辟了"活动育德"的有效途径,形成了模范特色的新生训练传统,并对浦东模范实验中学进行了输出,起到了良好的辐射带动作用。

(三) 行进间呼号

"文明其精神,野蛮其体魄",是习近平总书记对青少年的期许。这里说的"野蛮其体魄"就是希望少年儿童要注意加强体育锻炼强身健体,因为身体是人生一切奋斗成功的本钱。习近平总书记强调要有正确的运动观念:"一方面,要让孩子们跑起来。另一方面,体育锻炼要讲究科学,做好保护和准备工作,帮助学生在体育锻炼中享受乐趣、增强体质、健全人格、锻炼意志。"

浦东模范重视学生体育活动开展的形式和质量。每天早操的进场是浦模操场上一道亮丽的风景线:各个班级同学们横成排,竖成行,雄赳赳气昂昂,秩序井然,在进场时每个班级都喊出自己的行进呼号,激情助力早操时光。行进间呼号成为浦模学子历练意志和品质、展示班级团队意识和精神风采的重要载体。

附:各年级呼号

六年级:迈好第一步,学做浦模人

七年级:真正中学生,更好浦模人

八年级:自律和谐,自主发展

九年级:自主自强,攀登摸高;超越自我,荣耀浦模!

(四) 劳动教育

《中共中央国务院关于全面加强新时代大中小学劳动教育的意见》中指出,要加快构建德智体美劳全面培养的教育体系,教育部印发的《大中小学劳动教育指导纲要(试行)》中明确指出,劳动教育是发挥劳动的育人功能,对学生进行热爱劳动、热爱劳动人民的教育活动,要强化学生劳动观念,弘扬勤俭、奋斗、创新、奉献的劳动精神。上海市新中考改革《初中综合素质评价实施办法》中也提出要求:评价要整体反映德智体美劳全面发展情况和个性特长;引导践行社会主义核心价值观,弘扬中华优秀传统文化、革命文化和社会主义先进文化;增强社会责任感,培养创新精神和实践能力,并把公益劳动作为一个合格初中毕业生的考察指标。我们以此为契机,以学校《综合素质评价方案》的制定为载体,建构浦模学生"慧"劳动教育机制及评价机制。我们提出让学生不仅学会劳动,且能智慧劳动;在个体劳动中培养责任担当意识,追求创造性以及工匠精神的培养;在合作劳动中,追求和谐团队建设以及集体凝聚力的提升。

1. 构建"慧"劳动机制,培养劳动意识

(1) 设立多元的劳动岗位。根据《初中综合素质评价实施办法》,设计班级、校内专用教室及校园、校外三个级别的工作岗位。其中50%劳动课时是在本人教室内完成,93%的课时在校内完成。正所谓一屋不扫,何以扫天下。我们从传统文化中汲取智慧。为培养学生的劳动意识,我们让学生从打扫天天使用的教室开始,从小事做起,培养个人责任担当意识和脚踏实地的工作态度。

(2) 统一具体劳动时长。模范中学的传统——从10分钟劳动中汲取智慧。要求学生在每个岗位,每次劳动的时长都是10分钟。所有校内劳动岗位,以小组为单位开展。劳动态度端正,辅助以一定的劳动本领,进行劳动合作,又好又快地完成任务,在劳动中获得成就感。

(3)进行规范的劳动技能培训。请学校文明示范班进行教室内打扫培训。(如何扫地,排桌子,擦拭桌面、讲台、墙、贴脚线、墙裙木饰条、窗框,整理窗帘,三清三关等。)请保洁阿姨进行指导,通过拍摄、制作微课,现场讲解等多种途径进行校园执勤打扫培训,激发学生互相学习的动力,同时学会在日常养成良好卫生习惯,尊重保洁阿姨的劳动成果。

2. 构建"慧劳动"的评价体系,规范评价机制

(1)设置闯关式岗位获取模式,靠质量获取劳动岗位。通过设计,使"获得劳动岗位"是需要完成一定质量的劳动来换取的,也就是三个岗位之间的晋升是个闯关行动。

(2)精密测算劳动时间,合理安排劳动周期。正所谓"拳不离手,曲不离口",一组学生劳动一周,不仅有利于劳动技能培养,更有利于劳动合作意识的形成,组员劳动感情的产生。

(3)设立统一的评分核算体系,建立公平公正的评价机制。统一核算体系和评分标准,尽可能保证评价的公平公正。从该方案执行的第一个学期(19学年第一学期)开始,学校就根据劳动质量确定劳动岗位获得的机会次数,从而确保劳动质量好,就会有更多的劳动机会,获得的劳动学分就多,甚至可以提前完成学分的修习。在学期进行了有差异的劳动学分计入。在学分录入平台前,学校进行统一计算,下发学分认定统计表,让学生复核签名,并在学期末的家长会上,展示告知家长。完成后录入平台,至今没有学生及家长提出异议。

3. 依托竞赛评比,提升活动积极性

(1)以"垃圾分类"工作为依托,举行班级垃圾分类工作评比活动。针对学生带的点心很可能成为影响其身体健康、学习环境的致命杀手的问题,拟定《关于学生在校饮用水及点心水果等安全食用公约及相关垃圾投放公约》。公约中,对学

生带到学校的水果的食用时间以及垃圾处理做了明确规定。每天中午,学校安排执勤班学生对每个班的垃圾进行检查打分,实践下来,学生产生垃圾的量大大减少,午餐的厨余垃圾也有所减少。

(2) 以"劳动技能大赛"为载体,促进温馨教室建设。以班级十分钟劳动为基础,结合温馨教室创建,进行"劳动技能"大赛。通过擦黑板、扫地、排桌椅、三清三关等项目分组考察,辅以蓝板布置、黑板报主题赛、绿化角建设等主题,让学生在比赛中动脑改进劳动技术,在互相合作中增进集体荣誉感,促进温馨教室硬环境与软环境全面发展。在比赛中录制到的优秀劳动视频也将作为教材在新学年培训推广,以提升学生的劳动积极性与成就感。我们将不断完善"慧劳动"机制,进一步处理好个人劳动和合作劳动的关系。通过竞赛方式,建立动态更新机制,不断升级优秀样本,培养精益求精的精神。发掘更多应知应会劳动技能,培养创新精神。

(五) 生命教育

人,最宝贵的东西是生命。生命,只有一次。生命教育关乎人的生存、成长、发展,更关乎人的本性、尊严与价值。突如其来的疫情,既为我们提出了活生生的生命教育的严峻问题,也为我们提供了生命教育的最佳契机。浦东模范中学始终坚持有目的、有计划地开展生命教育,结合红十字会相关活动,以上海市新中考改革《初中综合素质评价实施办法》中"安全实训"要求为载体,引导广大青少年敬佑生命、热爱生命,让每个生命都成为最好的自己。

1. 亨利·杜南铜像入校园

2019年5月18日,红十字创始人亨利·杜南铜像揭幕仪式在浦模校园内举行,中国红十字会副会长王汝鹏参与活动并参观校园。这一活动的举行使"人道 博爱 奉献"的红十字精神在浦模校园得到进一步宣传和弘扬。

2. 认真落实校内安全实训

学校每年制定《浦东模范中学救护培训计划》，结合新中考初中学生综合素质评价机制，组织学生开展心肺复苏及救护包扎两项技能的培训、考核与比赛，相关考核结果录入新中考综合素质评价平台。

3. 做好不同时期心理疏导工作

学校将学生心理健康教育放在首位，心理咨询室每天向学生开放，并设有心理信箱、心理线上热线，向全体学生和家长开放。

学校微信公众号在平时及考试前后、寒暑假期间发布专题心理疏导讲座。引导学生养成积极健康的心理品质，正确对待一时的成败得失，理解顺境逆境都是人生的财富。学会宽容他人的不足，在合作与分享中保持和老师、同学、家人良好的沟通交流。

四、开展生命教育主题活动

1. 定期举行红十字会会员入会宣誓仪式

每年5月8日，浦模都会举行"5·8世界红十字日"主题活动暨六年级红十字会会员入会宣誓仪式。浦东模范中学红十字理事会学生理事为同学们做"红十字知识"讲座。六年级同学举行红十字会会员入会宣誓仪式，七、八、九级年级同学参与活动并重温誓词。

2. 举行"学习抗疫英雄 争做时代新人"抗疫英雄见面会

2020年5月25日，在"学习抗疫英雄 争做时代新人"抗疫英雄见面会上，来自长海医院的两名抗疫医护人员——呼吸科副主任董宇超教授，感染科护士长陈怡，与浦东模范中学学生代表展开对话。两位最美逆行者用详实的事例、朴实的话语带领我们重温了那段艰难岁月,也让我们感受到生在中国,何其有幸。也让我们感受到有这么多医护工作者的守护与奉献,作为新时代少年,要用奋斗的青春,努力成为一个有理想、有本领、有担当的时代新人。

五、文化特色创意活动

1. "识百草、种百草、赏百草"系列活动

中医药文化作为中国传统文化最具有生命力和时代感的瑰宝,在中华民族五千年生生不息的传承、创新中扮演着积极、关键的角色。为了引导学生更好地了解祖国传统文化,培养文化自信,浦模携手上海中医药大学共同开设"百草园"课程。该课程分五个单元:了解中医药知识;走走看看观察中草药;实践种植养护中草药;感知中医药魅力;体验中医药文化。百草园的孩子们还亲自走进中医科,听中医讲座,实地考察中医奥秘。该课程还与社会实践互动相结合,在共青森林公园、世纪公园等地开展社会实践活动时,带着所学中医药知识识百草,用诗歌介绍百草,并通过"美篇"等自媒体软件进行全校性的展示交流。体验式的多样化学习方式,既学习了中草药相关知识和栽培、养护方法,也在心中埋下一颗学习中医、传承中华传统文化的种子。

2. 元旦迎新活动

以"游戏让浦模更美好"为主题的新年迎新活动,是规则意识和生涯意识培养的德育课程。从 2014 学年开始,学校以"游戏让浦模更美好"为主题,举行不同活动内容的迎新活动。学生根据每年不同的主题,进行自主活动设计、策划、组织和落实。学生在这个活动中,既是游戏的设计者,又是组织方、参与者、评价者。整个活动,需要学生台前幕后全方位的参与。该项活动主要包括如下几方面工作:

(1)确定活动主题;(2)建立操作团队,设计活动项目;(3)确定活动规则;(4)开通微信平台,评选优秀游戏;(5)活动具体实施;(6)奖项设置和奖品的发放;(7)后勤保障工作安排。

近年来,随着新中考政策的发布,元旦迎新活动推出2.0版——浦模Super Town,将元旦迎新与职业体验相结合,与时俱进的同时,通过丰富的游戏内容和职业体验开拓学生的眼界、培养学生的自主性和合作精神,提升服务本领,极大地激发了学生的"主人翁"意识,也很好地实现了校园文化的多元化发展。

3. 传承戏曲文化

淮剧,是国家级非物质文化遗产。浦模从2016年起与上海市淮剧团合作开发淮剧艺术课程。2016年5月,"淮剧艺术校园传习实践基地"落户浦模。9月起,浦模正式成立淮剧社。专业淮剧培训空间"浦模雅韵"由著名淮剧表演艺术家梁伟平亲笔题词。每周五的拓展课上,在淮剧团著名演员的训练下,小戏曲迷们了解淮剧基础知识,学习淮剧著名唱段并进行身段表演学习。2018年10月,浦模成为浦东新区5所戏曲传习基地学校之一。为了推动校淮剧团的进一步发展,新区为校淮剧团请来了全国著名淮剧艺术大师——梁伟平先生,挂牌成立了"梁伟平淮剧名师工作室"。自此孩子们的眼光看得更远,来到江苏盐城感受淮剧发祥地的艺术氛围;参加每一届上海市淮音艺术节,锻炼舞台经验;还向前来浦模交流的德国师生展示了中国戏曲的艺术魅力。

在请进来与走出去中,学生拓展了视野,获得了更专业的课程知识,拓宽了知识面。在增强文化自信的同时也为学生带去了多元化的职业体验。

4. 积极搭建亲子互动平台

结合八年级"十四岁生日"活动,邀请家长一起参与活动过程,特别是阅读父母写给自己的书信环节给大部分同学的心灵带来巨大的震撼。一封封浸透着父母无限深情和殷切希望的书信深深地打动了孩子们的心,有的同学眼泪在眼眶里转,有的同学泣不成声……读过信后,每位学生再深情回复一封信给父母。在真情互动中增强亲子沟通。在奖学金颁奖典礼上,我们也邀请部分家长参与颁奖,和学生分享获奖的喜悦。浦模还不定期开展亲子活动(运动会、艺术节、迎新活动),为亲子互动搭建平台。

5. 志愿服务活动

(1) 以"体育节""艺术节"志愿者服务活动为契机,开展志愿服务活动。校园的主人是学生,校园文化的主角是学生,在学生最喜欢的体育节和艺术节以及迎新活动上,学生既站在了台前,也参与了幕后,而幕后的这些学生就是志愿者。这些活动的主要策划者和组织者是教师,学生志愿者担当的是助理,这个过程中,在教师的带领下,学生参与有指导的服务。学生志愿者的工作热情高,而且有些在课堂中没能发挥潜力的孩子,在这些工作中,工作热情被释放,潜力被挖掘,所以每年志愿者工作的报名都非常火爆。从2019学年起,参与志愿者工作的同学,学校根据工作中的表现给予评价,并给予学分认定。这也使得志愿者的工作热情前所未有地高涨。

(2) 以"低幼儿童绘本辅读"等志愿者活动为载体,开展特色社会志愿服务。在新中考的综合评价办法中,社会实践成了重中之重,有了明确的学分设置。为丰富公益劳动的形式,同时增加学生接触的机会,了解更真实的社会。学校鼓励班级进行各种形式的社区服务。"Four Ever"中队在家委会家长牵头下,组织学生与特殊学校进行结对活动。特殊学校的孩子都是在生理上有缺陷的孩子,我们的学生在和他们的互动中,学会了对人的尊重,以及如何表达这种尊重。还有不少班级,选择了浦兴养老院志愿服务,他们每次去都会设计节目,这些节目往往是带着那些老人一起做、一起玩,例如和老人一起做手工等。由于换了劳动场景,学生的积极性很高,而且在这些场景中,他们都会展示自己最好的行为举止礼仪。六年级团队从2017年入学以来就开始筹划组织"童言童语低幼绘本辅读"活动,他们主动与沪东街道图书馆结对,为学龄前儿童提供绘本辅读,带领孩子举行丰富多彩活动,同学们在服务中收获着快乐,也在为他人的服务中不断提升自我,培养了自身社会公益精神和无私奉献精神。目前,"童言童语低幼绘本辅读"活动已经荣膺"沪东社区十大志愿者品牌"。随着上海市垃圾分类工作逐步推进,浦模学生积极参与金桥四街坊社区活动,张贴宣传标语,美化社区墙面,助力缤纷社区建设。浦模志愿工作还走出上海,先后与井冈山东上希望小学、云南雪山小学、云南大理州乌龙坝完小开展结对助学和教育扶贫工作,积极开展捐款、捐物和图书捐赠活动,支援贫困地区学生。2019届潘丽婕同学获得上海市第十三届"金爱心学生标兵"称号。

6. 涉外文化交流活动

浦模多次接待来自荷兰哥白尼中学和德国冯·斯泰因男爵高级中学师生的来访,出色完成涉外文化交流活动。学校设计了一系列内容丰富、富有中国文化特色的活动:(1)设计Homestay活动,带领来自荷兰和德国的青少年学生走进中国家庭,了解中国传统饮食文化,制作和品尝具有浓郁中国特色的美食小吃;(2)设计传统文化主题活动,通过中国结编织、淮剧艺术表演、经典诵读等活动引导荷兰和德国青少年了解中国文化底蕴,激发外国友人对中国文化的好奇和兴趣;(3)设计文化地标游学活动,带领荷兰和德国青少年前往外滩、陆家嘴、田子坊、淮海路、豫园等具有鲜明上海特色的历史古迹或文化地标开展参观游学活动,引导外国友人了解上海,进而激发他们对上海的喜爱之情;(4)设计了包括英语、数学、科学等学科在内的双语教学活动,让荷兰和德国学生进入教室与中国学生一起上课,实现全天候浸润式学习,加深外国友人对中国基础教育的认识和理解,培养中外青少年学生的友谊,增进彼此互信;(5)设计开放式户外运动游戏项目,让荷兰和德国学生与中国孩子互相合作完成旱地龙舟等竞技游戏,培养孩子们的国际合作意识和跨文化交流能力。

这些活动的设计是学校在国际视野的关照下进行学生德育活动的创新尝试,考验了学校在组织涉外活动过程中课程设计、家校沟通、后勤保障、活动安排等多方面的工作能力,为浦模后续的国际文化交流活动奠定理想的基础,也丰富了学校"主题活动育德"的内涵,提升了学校德育活动的层次。

第四节 德育评价方法:品格评价的高地

德育评价是指依据一定的德育目标,运用可行的方法和技术,对德育的过程与效果作出价值上的考察、判断。对学校而言,德育评价对象可分为以教育者的德育工作为对象和受教育者的思想品德为对象。

浦东模范中学为全面落实立德树人的根本任务,本着"教书育人,管理育人;全员参与,过程育人"的原则,鼓励广大教师积极参与德育工作。通过"班级温馨日志"填写,让全体教师参与到日常班级德育工作中,关注每一个学生的进步与发展;通过"心之桥"日志的填写,架起教师与特殊学生沟通的桥梁,促进学校德育氛围的和谐建设。在体育节、迎新游园会、社会实践活动中,全体教师参与其中,为学校大型活动的有序开展、学生活动质量的提升提供支持与帮助。通过优化活动形式、设置单项奖等措施,激发全体教师参与德育活动的热忱,挖掘广大教师德育工作的潜能和创造力,提升德育工作的实效性。

对学生的评价,学校始终坚持不拘泥于成绩,不囿于一段评语,倡导关注学生行为规范的遵守,思想品德的发展,综合素质的提升。注重对学生的过程性评价、发展性评价、多维度评价。

一、用好《成长日志》,关注学生成长轨迹

浦模行规要求涵盖面广,对所有校园生活细节都予以关注。为了更好帮助新入学孩子适应学校行为规范要求,真正实现"迈好第一步,学做浦模人"的成长愿景,学校从2009年起编印《新生入学训练手册》,内容涵盖浦模一日常规(共七大方面、九十二个项目的评比指标)、每日学习感悟、学习阶段总结等。结合《训练手册》填写,学校每年8月底开展"学做合格浦模人,文明规范见行动"入学训练体验活动。学习内容主要由文明礼仪规范、学习规范、劳动卫生规范三方面组成,每位学生将通过演练,进行训练内容笔头测试;结营仪式上班级间进行"行规知识知多少"现场竞赛,达到帮助学生尽快熟悉各项常规、明确行规要求、适应校园生活的目标,相关测试成绩也将记录在《训练手册》上,为每位学生踏入浦模的第一步留下印记。《训练手册》供大家学习的同时,相信也会成为每个浦模人珍贵的记忆。

2015年,学校开发完成分年级版《学生成长日志》,并将《新生入学训练手册》纳入六年级版本中。《学生成长日志》每学年根据校历编排,插入班级集体照、中队口号、班歌等。在日志中,同学们制定自己的学期成长计划,学期末进行个人小结,每天可以记录当天的作业任务、学习体会,记录个人成长印迹,反思成长感悟;老师可评价、留言,是学生健康成长的见证。家长可以每天关注孩子填写的实例,并且每周对孩子一周表现进行评价,共同见证孩子的成长。丰富多彩的版面设计、亲切贴心的班级文化、内容丰富的多维评价使《学生成长日志》已经成为陪伴

浦模学子日常学习生活的"法宝",也成为教师了解学生心理动态和进行家校沟通的有效载体。

二、深耕"模范学生"评价机制,促进学生健康和谐发展

抓习惯养成、抓队伍建设,做好各项常规工作,是学校德育工作正常运行的基础。要贯彻新课程"以学生发展为本"的核心理念,我们必须关注和创新对学生的评价机制。《基础教育课程改革纲要》指出:"建立促进学生全面发展的评价体系。"十九大报告在论述"努力办好人民满意的教育"中,提及要努力办好人民满意的教育,大力促进教育公平,让每个孩子都能成为有用之才。于是,单一的"三好学生"评比、每学期班主任老师的一段评语似乎并不能给予每个学生全面的评价,不利于激励学生个性特长的充分发展。

2015年以来,学校结合新版《中小学生守则》的内容,借助浦模得天独厚丰富的劳模资源,启动了"学习劳模精神,争当模范学生"的德育课程,开展十个特定模范学生项目的申报和评审(分别是学习、自律、服务、爱心、体锻、文艺、环保、探究、孝心、礼仪)。每个项目分一个一级指标、四个二级指标,通过学生自我申报、班级初评、年级复评和学校终评四个环节。获得四个"模范学生"单项为铜星、六项为银星、八项以上为金星。

"模范学生"评价机制有以下特点:不框定项目,关注学生个性发展。在实施手册中,除了特定的十个项目,为了充分体现学生的个性特长,我们鼓励学生自己设定项目、制定二级指标(普法模范、廉洁模范等),让每位同学都能有"模范生"的体验。不限定名额,发挥积极导向功能。我们没有对任何一个项目限定名额,只要达到四项指标要求,经过自我申报和各级评审后,都可获评。因此,只要积极行

动,人人都有机会。特别是每学期开学初的目标确定、差距寻找、措施制定,起到了很好的导向作用。不单方评价,强调过程实绩表现。四个环节的申报评审,意味着要真材实料。首先要自信,大胆申报;其次,要有具体实例、实绩获得各级评审的认可。为了保证评审的公平公正,第二学年评审,在大队委员讨论的基础上,我们又出台了"模范学生评审细则",并对每班推选出的5—6名评审成员进行培训。

正如美国著名教育评价学专家斯塔弗宾所言:"评价的目的不在证明,而在改进"。在"模范学生"的评审中,我们鼓励学生展示才华与特长,关注学生学习与成长的过程,帮助诊断成长中的问题。只要孩子有优点和长处,就可以被纳入到评优的视野之中,学生本人、同学和老师都可以参与评价,这就为全面关注孩子的成长发展特点,充分肯定孩子的个性特长提供了丰富可能。几年来,"模范学生"评比得到不断修正完善,学生们积极参与,在全校范围内形成了追求卓越、砥砺前行的良好道德成长氛围。

三、设立浦模奖学金,树典型促进步

为表彰各方面表现优异的学生,也为树立先进典型,以点带面促进更多浦模人积极向上,学校每学年都会颁发浦模奖学金,旨在表彰在过去一年中品德优良、学业优异、追求卓越、乐于奉献的浦模学子。

浦模奖学金奖项设置以"模范学生评比"为依据,突出"五育并举"的原则,一等奖包含过去一学年中获得市级荣誉称号的同学;二等奖包含模范金星、三好学生等同学;三等奖包含模范银星等同学;单项奖包含过去一年在市区级竞赛中获得个人奖项的同学。

随着学校社团活动的蓬勃建设,特别是学校陆续被评为区艺术教育特色学校、全国青少年校园足球特色学校,奖学金增设"特别贡献奖",奖励对象为校足球队、射击队、淮剧社、音乐剧社参与市区级比赛并获奖的同学,感谢他们牺牲课余时间认真参与社团训练,鼓励他们积极进取,不断突破自我,获得佳绩。

2018学年开始,浦模奖学金增设"特别进步奖",由各班推选在上一学年中进步最大的潜能生作为奖励对象,进一步扩大了浦模奖学金覆盖面。

随着奖学金制度的不断完善,浦模奖学金已成为模范学子中优秀者的荟萃地,才华者的聚集所,进步者的加油站。

四、创建文明班级,汇聚模范力量

为进一步完善学校的德育工作评价体系,培养学生自我教育、自我管理、自我约束的能力,养成良好的行为习惯,形成优良的校风、学风和班风。学校组织开展"文明班级"创建评比活动。通过争创文明班级,促进学生文明行为习惯的养成,增强学生对班集体的荣誉感和责任感。

依据《中学生日常行为规范》《浦模一日常规》,结合学校常规工作发展实际,由校学生发展中心牵头,逐步完善形成了一套以班级为单位的浦模行为规范检查评估制度。每周组织卫生老师、总务处财产保管老师、任课老师与学校文明小督导及大队委员、每周的值勤班级等师生团体,全面参与到学校的行规评比工作中,从劳动卫生、文明礼仪、班会午会、教室物品保管等5大类17个小项进行检查。每周一午会做好反馈工作,在全校广播上一周行规总结,并颁发周行规示范流动红旗。小小的一面行规示范流动红旗,凝聚了班级同学一周以来努力的成果,展现的是班级自律向上的班风。

每学期以各班行为规范学期表现为基础,综合考虑班级在学校重大活动中的表现,同时关注各班在志愿服务等特色项目上的创建,综合形成学期文明班级初评结果,每学年完成一次文明班级终评。全校以班级为单位,综合评出文明示范标兵班、文明示范班、文明班和创文明班。

班级是学校的缩影,创建文明班级,对学生的规则意识的发展、个性意识的展现、班级凝聚力的建设都有着积极的实践意义。文明班级中汇集着模范的力量,激励更多模范学子向着模范生长,在文明班的建设中,每个人参与其中,也从中找到了作为浦模人的存在感、意义感、成就感。

第四章 模范课堂：成绩是优秀的副产品

优秀不等于成绩，成绩只是优秀的副产品。优秀的课堂成就优秀的学生，优秀的学生自然取得成绩的进步。模范教育坚持五育并举，坚持立德树人，在课堂教学主阵地上，坚持用正确的信念引领人，用正确的价值鼓舞人，用正确的方法教导人，用正确的思维塑造人，努力把每一个孩子培养成为具有优秀人格的社会主义现代化事业建设者和接班人。我们坚信，让优秀勇立潮头，成绩自会接踵而至。

浦东模范中学在课堂教学中以"适宜的目标与内容、适当的过程与方法、适量的作业与辅导、适时的反馈与评价"推进教学改革，促进"互动教学、精选习题、分层作业、自主学习"的教学行为改进，为学生提供学习经历，让学生在体验、探究、合作和共享中潜移默化地实现课堂教学育人。多年来，学校围绕"四适"课堂的构建定期举行教学展示和交流研讨活动，通过大量的课堂教学实践，不断充实和丰富着"四适"教学的内涵，引导不同学科的教师以新中考改革为契机，不断实现自身课堂教学的优化和提高，为学校学业质量水平高位稳定奠定了扎实的基础。

第一节　适宜的目标：让预设与生成亲密和谐

适宜的教学目标在课堂教学中起统率、引领作用，这一点毋庸置疑。方向永远比方法更重要。目标就是方向。明确的教学目标、灵活的教学策略和动态的教学过程，三者是相辅相成的，不能简单地混淆或者机械地理解。预设是底线，生成是创造。底线有保障，创造无止境。

一堂课确立怎样的教学目标，是非常复杂的教学问题。在对目标内涵的理解上我们要突破传统思维的羁绊。就具体一堂课而言，教学目标是应该、也能够、且必须获得清晰界定的,其分为三个维度:知识与技能、过程与方法、情感态度与价值观。

"知识",视域要拓展,要突破客观认识论的知识观,尊重公共知识与个性知识、显性知识与隐性知识、确定性知识与不确定性知识各自的价值与意义。"技能",不能仅限于认知,还应包括表达交流、问题解决、信息处理、实验实践、创新创造、终生学习的愿望与能力等。

"过程"是指让学生经历知识与技能的形成过程,在体验、活动、探究中进行学习;"方法"是掌握各类知识与技能的学习方式与策略,学会学习,学会反思,学会创造,能对自己的学习过程及其结果进行有效监控。重视过程,强调方法,其实质是尊重学生个性化的学习经历、体验和方式。

"情感、态度和价值观"目标,反映在多元文化并存的全球化时代,对学生价值选择的尊重。也体现了这一目标维度的复杂性、层次性和多维性,并在这个领域保留了足够的弹性和灵活性。

以积极的视角预设教学过程和激发生成问题,以达到发现和解读学生学习过程中可能出现的各种现象(而不是错误),为实现教学目标服务。

第二节 适当的过程:把课堂的主权交给学生

根据维果茨基的理论,学生是通过与教师、同伴的共同活动,通过观察、模仿、体验,在互动中学习,在活动中学习的,学习的效率与成果如何,取决于学生在互动与活动过程中能否充分地运用自己的能动器官。教学中教师要尊重学生,把课堂还给学生,让学生成为学习的主人,教师依据学生最近发展去做"适度的点拨",以此引领学生获得学习经历,培养学生学习力(即学习的动力、毅力、能力和创新力)。所以,一堂好课不在于它有条不紊,不在于它流畅顺达,而在于它真正地让孩子思考和实践,教师要善于激发学生的兴趣,引起学生内心的冲突,从而引导学生在"互辩"中寻求最佳方案,使学生的探究意识在"冲突——平衡——再冲突——再平衡"的不断循环和矛盾中得到强化。教师要带领学生不断反思,带着问题去思考,去探究,不断"咀嚼与回味",然后进行多角度的观察与联想,从而找到更多的思维通道,促进学生创新意识的产生。

问题对于学习动机的激发、意义的建构、知识的生成和创新素养的培育都具有无可替代的价值。在课堂教学中教师要精心设计,设置问题情境,精简环节,留足学生思考时空,更好地激活学生的思维,使学生在遇到问题时,能从多角度、多侧面、多层次、多结构去思考,去寻找答案,进而培养学生的创新素养。教学问题设计得有"趣",激发学生思维的积极性。在课堂教学中针对教学内容,适当地引入冲击力强的视频或逸闻趣事或生活情景来设计新颖有趣的问题,使学生处于一种积极兴奋状态,充分调动起学生思维的积极性,并进一步主动地去探索寻求答案;教学问题设计得"巧",激发学生思维的灵活性。"读书无疑者,须教有疑;有疑者,却要无疑。"在课堂教学中教师寻找最佳时机,在学生思维容易堵塞的地方巧妙设疑,创设"愤""悱"情境,激发学生思维的灵活性,开通思路,释疑解惑;教学问题设计得"精",激发学生思维的层次性。在设疑时围绕中心、总体设计,在"关键"(即教学的重点和难点)处设疑,创设的问题小而具体,讲究过程、不重结论,具有可思性。引导学生在积极的思考探索中理解知识,把握重点,体味思路,突破难点,激发学生思维的层次性。

教师要特别关注课堂中学生的小结与交流,以积极的方式进行学生体验感悟的反馈互动,实现让学生在体验、探究、合作和共享中潜移默化地实现课堂教学育人。

第三节 适量的作业:既尊重差异又共同进步

学校加强作业管理,坚持育人为本,落实立德树人,重视作业管理制度与机制建设,确保监督与保障到位。建立以校长为第一责任人的工作机制,明确相关部门(教导处、教研组、年级组、备课组)职责及教师工作要求,加强对作业来源、设计、布置、批改、分析、反馈、辅导等全过程管理,加强作业与备课、上课、辅导、评价等教学环节的系统设计。

在基础性课程教学中根据课标和意见要求教师使用好教材配套练习部分,明确作业内容、难度和数量。同时,基于课程标准,尊重学生差异,根据不同学生的实际情况,进行作业分层,贯穿教学过程,课前(预习作业)、课中(课堂练习和课堂笔记)、课后(课时作业和单元小结作业)探索校本设计,布置对每位同学来说都是"适量的练习",以多种作业形式促进多重学习经历。既关注学生学习能力差异,又激发了学生再学习的动力,适当减轻学生负担。

以教研组为单位组建学科骨干团队,通过选编、改编、自主创编等方式,科学设计体现学校特点、适合学生实际的加强版校本作业,如语文摘抄、随笔,英语剪报、错题本,数学探究小报等,不断提升学校作业的针对性和有效性。

以备课组为单位,加强集体备课与作业设计,做到作业布置与教学内容相一致,做好阶段巩固性练习命制和校本作业的修订完善。

任课教师做到作业按时回收、认真检查批改、全面分析、及时反馈作业,并对订正作业再次进行批改直到改正为止,不断提升集体讲评、个别面批的针对性和有效性,强化作业评改、反馈的育人功能。

以年级组等单位进行五育并举(凸显德育实效、促进思维发展、提升体质健康、强化美育熏陶、培养劳动习惯)的作业设计与实施,统筹各学科日常及假期基础性作业和弹性作业总量(含电子作业),有序安排实践性作业、跨学科作业,比如学校要求每个学生在寒暑假制定一份适合自己的假期健身计划,确定假期健身目标;根据自身的兴趣和身体条件,选择适合自己的训练项目。如跑步、篮球、足球、游泳、跳绳、踢毽、羽毛球等,做到科学健身。同时做好健身活动记录,收集整理健身资料(拍健身活动照片、健身前后对比照、健身花絮等)或利用健身软件如悦动圈、运动手环、微信等工具。以假日小队的形式,进行以"走进自然"为主题的活动,如去公园认识一些植物,动物园观察动物有趣的行为;以"听长辈讲故事"为题尝试开展获取口述史料的假期作业(通过长辈亲身经历的事件,了解改革开放等社会发展历程,切身感受共和国翻天覆地的变化对他们生活的影响);向父母和家族中的长辈询问或通过其他方式查访,了解自己家族各代成员的辈分及组成,参考教材 P93《孔子世家谱》(节选)图示,尝试制作一张自己家族图谱(包括自己这代,至少要有四代)。孝心作业与时俱进,由当一天家,为家人制作"三菜一汤或四菜一汤"发展到教长辈使用智能手机,带领长辈打卡网红地等。

为学生提供更有针对性的辅导,一以贯之要求教师做到"作业批改及时、讲评及时、作业订正批改及时",对学习困难学生作业尽可能面批,帮助学生树立自信心,激发学生的学习动机,做到对每位学生不抛弃不放弃,使每个同学在原有基础上都有所提高。

第四节 适时的评价:在相互激励中提升效益

反馈就是控制系统把信息输送出去,又把其作用结果返送回来,对信息的再输出发生影响,起到控制的作用,以达到预定的目的。

教学中指教师在教学过程中输出的信息,经过施教对象后将产生的教学效果再输送回来,并对教学信息的再输出发生影响的过程。课堂教学反馈是师生之间、生生之间多向信息交流的过程,是借助倾听、应对、交流、对话来实现的动态生成过程,是优化教学,实现教与学和谐统一的必不可少的环节。教学过程的组织与优化往往表现为课堂教学反馈的畅通和丰富。然而,教师在实际课堂中对于反馈的认识和应用总有些不尽如人意的地方,使得学生的学与教师的教不能并驾齐驱。

建立良好的课堂反馈评价机制,能促进课堂教学效果的提高。融洽的师生关系有助于创造和谐的课堂气氛,这需要教师在主观上做积极的努力,教师应该是学生的贴心人,关心他们的身心,善于激励他们的学习兴趣,树立学习信心。尤其是学困生,态度要慎重,努力寻找他们身上的闪光点,勤鼓励,多帮助,树信心。融洽的师生关系让教学得以良好地开展。

第五节　适切的反馈：在诸多因素中保持适合

关于适切的反馈,我们的策略主要有:一是把反馈集中于大问题的解决过程中,从"有效反馈"这一角度而言,也就给师生定下了一个紧扣教学目标的话题,使师生间的互动反馈不会游离于文本之外。教学目标主要是根据教学内容,创设真实情境,让学生在情景中理解语言、运用语言。这一课堂实录所展现出来的不同的反馈方式,都应该是在解决课堂大问题,紧扣教学目标,在和谐的对话中,师生有效互动,要把反馈集中于大问题的解决过程,让反馈为达成教学目标服务。二是把反馈贯穿于课堂教学的每一环节,课堂反馈作为一种课堂教学的重要手段,应贯穿于教学过程的始终。关注课堂反馈需要明确其在课堂不同环节中的目标、表现形式及其作用。要使反馈的目标明确具体,应避免对课堂反馈缺乏系统认识,反馈内容单一,形式刻板,反馈时机不合理等问题。诚然教师在课堂上积极努力但没有达到"创设信息反馈及时、真实、全面的课堂"这一目标,以致课堂反馈的有效性这一块受到限制,学生的思维发展、合作交流能力在原有的水平上未有切实提高。为此,教师要从捕捉反馈信息、反馈信息的分析和呈现、反馈矫正等方面提升教学反馈的策略、方式方法。

一、捕捉反馈信息：把握学生真实的学习状态

教学交往由教师、学生、文本等诸多要素构成,而连接各要素之间的手段是信

息的传递与反馈,它使教学交往处于不停顿的运动状态,从这个意义上讲,教学交往是反馈与调控的过程,交往的艺术首先体现在老师是否善于捕捉学生的反馈信息,从而实施恰当的回应,实现教学的有效与优化。

1. 在哪里捕捉?

——在提问中捕捉即时信息。提问可以对学生起一个思维桥梁与导向作用,帮助学生找到思维的方向。例如:每一课开始的五分钟的复习巩固的热身运动,教师在提问中,不但能捕捉到学生思维中的闪光点,也能捕捉到困难学生"卡壳"的关键点,从而反馈出老师输送的信息是否符合学生的认知水平。

——在练习中捕捉理解信息。课堂书面练习以及课内实践操作是教师捕捉学生课堂信息的一个好时机,可以发现学生问题解决的思维途径及其语言的表达方式方法等真实情况。

——在讨论中捕捉隐性信息。上述案例中的同桌合作、小组交流活动都是让学生畅所欲言的机会,在这期间,教师要舍得花时间让学生交流探讨、合作学习。讨论时,教师以聆听、欣赏的心态参与交流,走进学生,察言观色,活跃学生的思维,减少学生的顾虑,让他们畅所欲言,说出他们对某一问题的看法或疑问,这时便容易捕捉到共同讨论时的一些隐性信息。而不是将讨论流于形式,为讨论而讨论。

2. 怎样捕捉?

——敏锐观察。善于观察课堂的整个教学气氛、教学情境,观察学生的表情、体态、动作及相互之间的关系;观察学生的操作过程、学习方式与习惯等。

——静心倾听。善于从心理上接纳每一个学生的发言,敢于在课堂上倾听不同的声音,善于从不同的角度引发学生的声音,灵活运用多种方式启迪学生的声音。

3. 捕捉什么?

——全面学情。应该全面了解学生的知识基础、经验基础及现场的学习情况,特别是对于好、中、差各个层次学生的整体情况。如学困生小 A 对上节课的单词记忆有了较大的提高,本堂课可以让他上黑板作一些词汇的猜谜游戏,以增强他的学习自信。又如学生在学习纸上独立学习时,教师走下去随时摸清学生思维动态。展示成果时,有些学生由于性格等原因躲在被人遗忘的角落,造成信息反馈的不全面,这时智慧的教师心中应有一本账,全面捕捉,不失时机地展现了学生精彩的方法——打"√",免去了教师生硬的讲解,促进了学生观点的碰撞,让学生自主地完善自己的方法。

——典型信息。捕捉学生的共性问题,同时,更要发现典型性与独特性,找准学生的易错点、易混点、易漏点,明辨学生理解上的困惑处,表达的"愤悱处",意见的分歧处,找到属于个体的独特学习体验,及其对他人的影响。

二、反馈信息的分析和呈现:确定反馈的重点和方法

教师要善于捕捉来自学生的各种反馈信息,并善于对信息进行筛选、分析和呈现,才能透过想象看清本质,使教学反馈具有深刻性和针对性。

1. 把握阶段,区分差异

在教学的准备阶段,根据学生预习、热身反馈信息分析其对本课相关知识的了解程度,诊断学生知识能力方面的缺陷,检验教学设计的可行性,以便作出必要的调整。

在新知识的探索阶段,根据反馈信息重点分析学生的学习方法和思维的过程,分析认知结构的整合和调节情况,了解学生的学习风格,在学习中遭遇的

困惑。

在知识的巩固阶段,根据反馈信息重点分析学生对知识难点的掌握情况,分析认知结构的构建及发展情况。

2. 口头表述与过程展示相结合

课堂教学的反馈要注意口头表达与过程展示相结合高效开展。所以展示要根据具体情况因地制宜。有实物投影的班级,反馈时应有选择地将学生的学习成果在展台上放映,展示的是学生的作业本或操作的过程因而效率高。教师可以在巡视的过程中,选择典型的情况请学生上来展示交流。一方面锻炼了学生的勇气和胆量,另一方面能了解学生的真实想法,有利于针对具体情况"对症下药",锻炼独立思考的精神,而不是人云亦云。

三、反馈矫正的策略:用行为引领学生有效学习

反馈矫正是教师直接对学生学习行为、现实状态作出的语言、表情和动作等方面实施的外显行为,它直观地抛给学生,让学生体验到、意识到。好的反馈矫正的抛出,能引领学生从"山重水复"走向"柳暗花明",能诱发学生的兴趣,启迪学生的思维,开启学生求知的心扉。

1. 恰当点拨

当学生在教学交往中遇到困惑,似懂非懂,出现意见分歧时,如果教师能适时、恰当地点拨,往往会使学生突破障碍,豁然开朗。

怎样才能在教学中发挥教师的诱导、点拨作用,更好地培养学生解决问题的能力呢?

——语言点拨。语言点拨是指在学生的思维或语言产生障碍时,教师采用精

练恰当的语言,帮助学生突破障碍,使之思维进程加快,语言表达流畅。(1)"曲"点。不直接点明怎样思考,而是间接地、从旁地、暗示地、曲折地进行点拨。或旁敲侧击的暗示,或迂回曲折的诱导,或峰回路转处巧设标志,或在有联系的相似点、相关点处引发学生展开联想,产生灵感,找到解决问题的最佳途径。(2)"直"点。直截了当、开门见山、一语破的的点拨方法。学生有时解答问题,尽管心中清楚,但由于对个别知识的遗忘,或表述水平有限,一时难以找到恰当的方式来表述,导致"水壶装饺子倒不出来"的情景,这时教师可直接给学生提供知识点,帮助其越过思维障碍,得到答案。

——体态点拨,它主要包括面部表情、肢体的移动、人际间的距离等。研究表明,体态语言的交流作用和效果是语言交流的有效补充,也是语言交流不可代替的。(1)动作点拨。借助形象生动的动作、手势启发学生积极思维,化抽象为具体、直观。(2)目光点拨。学生回答问题时,给予信任的目光,学生便会信心百倍;学生紧张时,教师给予鼓励的目光,学生便会勇气倍增;学生回答问题成功时,教师投之以赞许的目光,学生会因尝到成功的喜悦而幸福万分。(3)表情点拨。借助面部表情潜在的调控作用,把一些"只可意会不可言传",十分微妙、复杂、深刻的思想感情表达出来。例如,学生在课堂上回答问题时因思维定式出现差错,用迷惑的表情加以暗示点拨。恰到好处的点拨,是顺风,是干柴,把学生的发现推向纵深,把"生成"推向精彩。

2. 适时调控

教学交往是一项有计划、有组织的活动,也是一个动态生成的过程,如果学生情绪波动较大,或过于兴奋,太过强烈,出现偏离教学目标、貌似生成而非有效,或过于拘谨压抑,无共鸣,缺少"生成",教师都要适时调控,在自由与限制,生成与预设之间寻求一种平衡。

在教学交往中怎样适时调控呢?

——调控课堂生成,避免徒劳与泯灭。(1)增强目标意识。课堂生成不是师生在课堂上信马由缰式地展开活动,教师首先要有牢固的目标意识,如果课堂的生成偏离了教学目标,决不能流连忘返,要迅速地把学生的思维引向教学目标。同时也要清醒地认识到:预设的目标并不是不可调整的唯一行为方向,也不是检验行为的唯一标准,可以合理地删补、升降预设目标,从而即时生成目标,让目标随着生成而产生超越预设的效果。(2)尊重学生的已有经验调整教案。要珍视学生变化的学习需要,顺着学生的认知起点展开教学。不能让教学交往成了教案的翻版,缺少生成,让课堂教学进程随着教案的完成而结束。

——调控课堂情趣,避免压抑与亢奋。(1)把握适宜的兴奋度。如果课堂中学生受到压抑,思维就会僵化呆板,习惯于被动接受。教师要激发起学生探求知识的欲望,调动起学生的创造潜能,提供交流的机会,让学生的思维活跃起来。如果学生过于亢奋,思维往往是流于浅薄、狭窄的,行为是冲动的。教师要及时降温:"看谁坐得好!请把嘴鼓起来,再想想!会听才会学!"从而让学生保持适宜的兴奋度。(2)把握自由与限制的分寸。从儿童成长的需要来看,在教育中对学生的自由进行一定的限制是必要的,也是合理的,儿童的学习本身就包含着对规则的学习。如果让学生为所欲为,就无法保证教育效果,也不利于他们健康成长。教师要增强"行为分辨"的意识和能力。对于"犯错不知错"的低年级学生,教师要明确具体的要求;对于"犯错不自觉"的学生,教师要给予必要的宽容和适时适度的引导;对于"知错还犯错"的学生,教师在坚决杜绝不良习惯的同时,还要避免误伤学生的自尊心和自信心。

3. 即时评价

课堂即时评价是教师运用语言对学生在课堂上的学习态度、方法、过程、效果等方面进行即兴点评的一种常见回应行为,它主要起反馈、激励和导向作用。

课堂即时评价是对学生学习过程及时的评判、指导,也应该是激励与促进。由于小学生行为、态度、兴趣易受外界的影响,来自他人,特别是来自老师的评价,对他们课堂学习效率的影响是巨大的。因此,对课堂即时评价的结果要注意以下几个方面:

——减少简单定性评价。像"You are wrong.""这么简单也不会"等负面评价,全盘否定了学生的探索过程,打击了学生学习积极性,摧毁了学生学习的信心。评价应该努力发现学生学习活动结果的闪光点,委婉地让学生体会到错误之处,避免生硬、冷冰冰的判决。"You're clever! Great!"等这类的评价,让学生体验了学习的成功,增强了学习的动力。但是学生从中了解到的只是一个终极性的结果,究竟好在哪?棒在何处?聪明在什么地方?学生无从知道,还应让学生知其所以然。所以,课堂评价要有指向性,使学生从中不仅能得到前进的动力,更能找到努力的方向。

——倡导发展性评价。学生的个别差异是客观存在的,不能以整齐划一的标准要求学生毫无差异地达到统一要求,要让优秀的学生有更高的要求和目标,让暂时落后的学生看到希望,树立信心,促使他们通过自己的努力去获得相应的发展,显示"自我"的存在价值。变"补短评价"为"扬长评价",以"扬长"促"补短",从而不断进步。

教师在课堂上的评价用语是调动学生主体性、创造性的有效手段,学生希望得到的不是简单的对错评价,而是对自己的回答作出具体的分析,作出必要的解释,从而提升发言的品质,从更开阔的视野中看问题。教师的评价要让发言学生感觉到教师对他的肯定与尊重,更给其他学生更高层次的点拨,让学生在课堂上感觉到处在民主、平等、宽松的教学氛围中。

第五章 模范教师：优秀是自己可以把握的

教师是优秀的缔造者，也是优秀的践行者。优秀的教师才能成就美丽的花朵。缔造优秀的权利属于每一个教师，通向优秀的征途就在每个教师自己的脚下。我们鼓励教师做道德上的垂范者，做专业上的钻研者，引导教师在发展的道路上坚持不懈，永不停步。学校搭建平台、创造条件、力推优秀，努力开辟教师培养的新维度，让教师在成长中收获满满，真正成为德才兼备的"大先生"。

教师是人类灵魂的工程师，向着模范生长的学子们离不开园丁的辛勤呵护和正确栽培。教师的言行举止不仅是自身道德修养、精神品质和才能素养的体现，更关系到为人师表、垂范后世，关系到学生的人格成长和品德塑造。党的十八大以来，习近平总书记在关于教育工作的系列重要讲话中，把师德师风建设作为提升新时代教师素质、办好人民满意教育的首要任务，先后用"大先生""筑梦人""系扣人""引路人"等表现力极强的称谓表达对广大教师的殷切期望，并提出"四有好老师""四个引路人""四个相统一"等师德建设标准和要求。2018年5月在北京大学师生座谈会上，习近平总书记号召广大教师要以德立身、以德立学、以德施教。

教育的本质就是用一颗心去唤醒另一颗心。作为"传道者"，教师只有自己有理想、有信仰，才能用自己的理想去点燃学生的理想，用自己的信仰去引领学生的信仰。只有自己有梦想，才能帮助学生筑梦、追梦、圆梦。作为"大先生"，教师的崇高理想应该是中国特色社会主义共同理想和共产主义远大理想，教师的崇高信仰应该是马克思主义，教师的崇高梦想应该是中华民族伟大复兴的中国梦。只有这样的理想、这样的信仰和这样的梦想，才是主旋律和正能量，才能感化和引领学生。

二十多年来，浦东模范中学全体教师在"三讲"精神的感召下，用自己的辛勤汗水和智慧浇灌祖国的花朵，为新区基础教育事业作出了自己的贡献。无论学校办学体制发生怎样的调整，无论生源情况发生怎样的变化，无论遇到怎样的困难和挑战，浦模人都能够坚定不移地在传道、受业、解惑上尽职尽责；在立德、树人、育才上孜孜矻矻;模范精神早已深入人心、化为行动,润泽着园丁的心田,并孕育出一朵朵教坛的芬芳花朵,结出了教育教学的累累硕果。

第一节　教师应是模范:做德能兼备的"大先生"

我们认为,教师应是模范。上海市浦东模范中学最初由上海市劳模协会协议承办,在转制办学的七年中,模范精神与这所学校结下深厚的不解之缘,无论是最初的"劳模"精神,还是后来的"模范"精神,都在培养和塑造肯于吃苦、敢于面对、勇于奋斗、善于作为、精于思考、勤于奉献的模范文化和模范师风上下功夫,培养出一大批业务精良、师德高尚的师资队伍,这些教师在浦模的大家庭中历练本领、陶冶品格,纷纷实现了自己的育人理想,拥抱着自己的价值追求,为丰富"模范"内涵作出了不可磨灭的贡献。

那么,模范教师眼中的"模范"究竟具有哪些内涵呢?简而言之,我们眼中的"模范"就是万世之师,世人模范。具体来说就是要在如下几方面成为模范:(1)教师要做立德表率的模范,把正道德方向是为师的基础;(2)教师要做业精善学的模范,关注专业素养是为师的根本;(3)教师要做敬业爱生的模范,落实言传身教是为师的要害。

一、立德表率的模范

立德表率是教师最基本的职业道德,它要求教师为人师表,在言论、行为、生活作风、思想意识等各个方面都要给学生以积极向上的影响,做学生的楷模。近代人民教育家陶行知主张教师"一言一行、一举一动,都要修养到不愧为人之师表的地步"。

在认真学习习近平总书记关于教师要坚持"立德表率"的一系列重要论述的基础上,全体浦模人在师德师风建设方面开展了形式多样、内容丰富、卓有实效的工作。

浦模以区级重点课题《浦模精神引领下提升教师育德能力的实践研究》和市级课题《绿色指标引领下提升教师育德能力的实践研究》的实施推进为有效抓手,开展"自上而下、自下而上"的"三讲"精神大讨论,将"讲人格、讲品位、讲奉献"的"三讲"精神同教师以身示教、学科育德和主题活动等三方面的能力有机地结合起来,把"三讲精神"作为贯穿教师所有教育教学行为的一条红线,让教师的个人行为、专业能力和活动能力时时处处体现出自己的高尚人格特点、高雅品位诉求和高贵奉献精神。学校先后邀请各领域数十位专家、教授和领导来校开展师德讲座培训活动,从学科育德、教师心理调适、教师教学能力的测量和评价、上海教育事业的发展和变迁、上海历史文化传统、教师教学范式的调整和优化等多个角度对教师师德素养和育德能力的提高展开培训,为优化师德师风提供了丰富的精神养料。

学校坚持以年度考核和学年考核为抓手,以考核促师德,以考核育师风,以考核扬正气,以考核育师情。通过年度考核和学年考核的形式对全校范围内在教学和师德上有所建树或取得明显成绩的老师进行遴选和表彰。通过一系列的评选考核或表彰活动,极大地激发了全体教师的工作热情,在相当程度上激发了教师的师德自觉性和努力提升自身师德素养和教育教学水平的意识,取得了良好的成效。

在市、区两级课题的实施推进过程中,学校始终围绕"育德"这一关键词做好工作,"育德"不仅指培育学生道德素养的能力,也指教师自身道德素养养成和提升的自觉性和实践力。为了能够更好地激发教师的道德自觉性,并在全校范围内营造"人人都是育德工作者"的良好舆论氛围,课题组在全校范围内开展了"师德座右铭"的征集和展示交流活动。本次活动以教研组为单位展开,通过教师自选、组内交流和学校审核等三个主要环节,每位教师都确定了自己"育德"工作的座右铭,这些座右铭有的是对经典名句的恰切引用,有的则是对自身工作体会和人生理想的精彩总结。学校课题组为每位教师的座右铭配置了教师工作或生活的照片,进行精心排版,在学校宣传栏醒目位置进行发布,引发了全体教师和学生的广泛关注和好评,已经较好地在全校范围内起到了宣传"育德"的舆论效果,在一定程度上激发了教师们"育德工作"自主性和积极性,也为广大教师提供了一个对照"座右铭"不断完善自身"育德"能力的机会。

以教师节主题活动为契机,实现优秀模范教师的精神传承和经验辐射。教师节主题活动是浦模加强凝聚力,提升育德力工作的主要组成部分。多年来,浦模以每年9月10日教师节庆祝活动为契机,开展了形式多样、内容丰富的教师节育德活动。通过朗诵、表演、合唱、视频、照片及颁奖仪式等活动,集中展现浦模教师的育德能力和育德成果,介绍教师队伍中"讲人格、讲品位、讲奉献"的感人事迹,在促进教师团结、激发工作热情方面起到了积极而良好的效果。此外,学校还以校本研修活动为契机,组织全体教师开展了重阳节登顶上海中心、观摩优秀话剧表演、观摩优秀音乐剧、新春郊野踏青、多伦路文化名人故居参观、四行仓库参观等一系列丰富多样的师德活动,引导教师在了解祖国现代化建设中各方面成果、领略上海深厚历史文化底蕴的同时,丰富教师的精神文化生活,开拓教师的视野眼界,为教师自身道德素养的优化和文化素养的积淀提供了良好的机会和条件,受到了广大教师的一致认可和肯定。

以文明组室评选为载体,以评促改,以改促进,坚持将师德师风建设同教师文明举止行为评价密切结合、有机关联。浦东模范中学工会将文明组室评选工作制度化、常态化,并以《文明组室创建手册》的形式将"文明组室"创建过程中的主要内容和工作重点加以固化,形成体系,对进一步规范各组室日常教育教学工作,进一步提升组室的凝聚力和战斗力起到了积极促进作用。《文明组室创建手册》主要包括组室成员情况、文明公约、文明组室创建计划、组室月记、文明组室考核表、各组文明组室特色说明等六方面内容,将组室内每一位教师的成长和发展都纳入到组室创建的工作视野中来,将质性的评价同量化的考核相结合,将共性的要求同个性的特色相结合,充分鼓励各组室营造属于自己的个性化工作氛围,同时又确保学校的各项工作任务和制度要求落实到位。通过两个学年来的文明组室评选,学校各年级的工作积极性得到了较好的激发和调动,教师之间、师生之间和谐互助的氛围日益浓厚,学校各项工作得以有序高效推进。

二、业精善学的模范

学高为师。良好的专业素质是现代教师最核心的素养之一,是教师素养中最重要的部分。作为专业化教师,知识、能力和态度缺一不可。没有精湛的业务知识、高超的教育教学能力、开放的胸怀视野和乐学、善学的学习态度,就无法获得学生的认可和尊重,教师的任务乃至教育的使命也无法有效完成。

在认真学习落实习近平总书记关于教师必须加强业务钻研学习的一系列讲话精神的日子里,全体浦模人倍感责任的重大、使命的艰巨、任务的光荣。在学校的领导和全体教师的共同努力下,浦东模范中学在教师专业发展、特色课程建设、课堂教学改进、信息技术应用等方面扎实奋进,为确保学校学业质量水平高位稳定付出了努力。

学校坚持以科研引领师资发展。几年来,浦模先后申报并完成浦东新区区级内涵项目《教师成长档案袋的建设与实践》、区级重点课题《浦模精神引领下提升教师育德能力的实践研究》和市级课题《绿色指标引领下提升教师育德能力的实践研究》等多项课题项目。在课题实施过程中,我们着力关注"如何改进课堂教学,如何规范教学行为,如何夯实课程执行力度,如何优化师生关系",并将这些问题的解决同教师"育德"能力的提升关联起来,引导教师从过去狭隘的"德育"观念中摆脱出来,将"育德"同一切教育教学行为联系起来,形成育人工作的高位思考。在此过程中,浦模涌现出众多专业发展成果:三位教师晋升中学高级职称,众多教师晋升中级职称;两篇论文被中国人民大学复印报刊资料库全文转载,数十篇文章在各级刊物发表,多位教师主编或参编学科专业书籍;众多教师举行各级公开教学展示;五位教师参与新区名师基地培训,众多教师在教育教学竞赛中获奖;多位教师荣获上海市园丁奖。学校目前拥有中学高级教师9人,区级骨干教师7人,校级骨干教师13人,师资梯队完善,教研氛围浓厚。学校语文、数学、英语、综合文科、综合理科教研组先后获评浦东新区优秀教研组。

学校坚持以特色课程建设为抓手,通过丰富多样的形式,积极稳妥开展活动育人和课程育人。活动育人方面,通过"模范学生"课程,推进学生成长评价的多元化发展。2010年9月起,学校启动"学习劳模精神,争当模范学生"德育课程,开展十个特定项目"模范学生"的申报评审,并不断修订完善。"模范学生"评比角度多元,只要孩子有长处,都可纳入评优视野,学生本人、同学和老师都可参与评价,这就为充分肯定孩子个性特长提供了丰富可能。一本本"模范学生"评选手册,忠实记录下孩子们道德成长的轨迹。通过"新生训练营"系列课程,推进新生行规培训的常态化。学校每年8月底开展"学做合格浦模人,文明规范见行动"入学训练活动。学习内容主要由文明礼仪规范、学习规范、劳动卫生规范三方面组成,每位学生将通过演练,并进行训练内容笔头测试;结营式上班级间进行"行规知识知多少"现场竞赛,达到帮助学生尽快熟悉各项常规、明确行规要求、适应校园生活的目标。开展形式多样的假日小队和涉外文化交流活动。学生自主筹划组织"童言童语低幼绘本辅读"活动,结对沪东街道图书馆,为学龄前儿童提供绘本辅读,带领孩子举行丰富多彩的活动,也培养了自身社会公益精神和无私奉献精神。学校多次开展涉外文化交流活动,设计homestay活动,带领外国孩子学生走进中国家庭,了解中国饮食文化,设计传统文化活动,安排文化地标游学,带领外国友人前往外滩、田子坊、豫园等具有鲜明上海特色的历史古迹或文化地标开展活动,让他们了解上海,激发对上海的喜爱之情;开展多学科双语教学活动,让外国学生与中国学生一起上课,实现全天候浸润式学习;设计户外运动,让中外学子合作完成旱地龙舟等竞技游戏。这些涉外文化交流活动有效培养浦模学子的国际合作意识和跨文化交流能力。课程育人方面,浦东模范特色课程开发遵循"科艺结合"原则。为了引导学生更好地理解祖国传统文化和科学技术的博大精深,培养文化自信,浦模携手上海中医药大学共同开设"百草园"课程。在中医药大学老师的指导和同学努力下,目前种植在这里的十七种中草药全部成活,蓬勃生命在这里洋溢,舒展的枝叶好像一双双稚嫩小手伸向蓝天,迎接希望。同学们认真学习中草药的相关知识和栽培、养护方法,不仅开拓了视野,更亲近了大自然,对人与自然的关系理解得更深刻了。"缤纷草木染"课程是浦模又一项自主开发的特色探究课程。目前学校已完成草木染课程工作室建设。草木染的步骤看似简单,实际上是对学生动手能力和审美能力的考验。孩子们要为不同织物选择不同颜色,颜色间的搭配也是一门学问,染液的提取和配比则考验了学生的分寸感和技巧熟练程度,就连风干染色织物也需要同学们倍加仔细。草木染考验了孩子们的观察力、辨别力、审美力和动手能力,是一项培养孩子综合素养的理想课程。作为青少年,传承祖国传统艺术责无旁贷。浦模从2016年起与上海市淮剧团合作开发淮剧艺术课程。专业淮剧培训空间"浦模雅韵"由著名淮剧表演艺术家梁伟平亲笔题词。在国家一级演员赵国辉等人悉心指导下,年轻的浦模淮剧人从基本功学起,目前社员已熟练掌握《捡煤渣》《玉杯缘》《红灯记》《八女投江》等多个经典唱段,并在各类展演和比赛中取得佳绩。

学校以"四适"课堂建设为契机,加强课堂教学改进。落实"四适"课堂教学,促进"互动教学、精选习题、分层作业、自主学习"的教学行为改进,为学生提供学习经历,让学生在体验、探究、合作和共享中潜移默化地实现课堂教学育人。(1)备课选择"适宜的方法"。让教师适应学生,根据学生实际和教学内容,选择"适宜的方法",以积极的视角预设教学过程,发现和解读学生学习过程中可能出现的各种现象(而不是错误),为实现教学目标服务。(2)上课教师"适度的讲解"。教师依据学生最近发展区做"适度的讲解",以此引领学生获得学习经历,培养学生学习力(即学习的动力、毅力、能力和创新力)。在此过程中,教师以积极的教学内容与途径培养学生积极向上的心态,以积极的过程诱发学生积极的情感体验,实现课程教学三维目标,从而以积极态度接受教与学,塑造积极人生。(3)巩固布置"适量的作业"。基于课程标准,尊重学生差异,根据不同学生实际,进行作业分层探索,布置"适量的作业",逐步完善中考计分学科各年级校本作业。作业贯穿教学过程,以多种作业形式促进多重学习经历。既关注学生学习能力差异,又适当减轻学生过重负担。(4)反馈给予"适当的鼓励"。对不同的学生给予"适当的鼓励",探索按需培优补差的分层教学,让学生在鼓励中积累信心,体验成功,用积极的反馈强化积极的效果。采用对学习困难生的个别辅导、结对帮教等措施,教师做到"作业批改及时、讲评及时、作业订正批改及时"和学习困难学生作业尽可能面批，为学生提供更有针对性的辅导，帮助学生树立自信心、强化学习动机，使每个同学在原有基础上都有所提高。

学校以智慧校园创建为契机，着力探索信息技术应用的校本化和特色化，努力达成"教师全员使用，课程切实提质"的建设愿景，在如何有效利用信息技术手段提高课堂教学效益、提升课程内涵品质上开展有益尝试和积极探索。2019年，浦模成功申报浦东新区教育信息化项目《上海市浦东模范中学创新智慧校园》。项目推进以来，学校先后完成了电子阅卷和质量分析的应用、安脉教学质量分析平台的建设与应用、电子班牌的安装与应用、校园监控系统的升级改造、语音教室建设、教室蓝牙扩音系统的安装与应用、录播教室改建、人脸识别和体温检测系统的安装应用等。学校后续将着力关注大数据背景下学生综合素养培育的科学评价、课程建设和设备应用，做好基于大数据和智能化的教学和德育评价系统及校本特色课程建设。构建课堂教学信息采集和反馈系统，根据相关数据完成学生个性化作业和辅导方案的即时生成和点对点推送及后续复习指导的跟进。将学生行为规范和道德养成相关数据的采集与学校"模范学生"评选工作结合起来，根据这些行规数据对每位学生进行行规画像，完成相关行规情况数据建模，为学校行规评比和德育工作开展提供科学依据和有效范式。做好基于智能化的校本特色课程建设。立足浦模"缤纷草木染"课程的原有资源和经验做法，积极推进课程由经验型向科学型的转变。立足浦模"中草药'百草园'"课程的既有资源和经验做法，积极推进"百草园"与"机器人创客"课程的跨界融合。在相关体育特色课程建设中，通过引进体能数据监测手环实现对课程参与者出勤、呼吸、心率、血氧饱和度等重要数据的实时监测，实现学生体能训练和项目成绩的即时分析，动态生成学生的个性化体能训练和项目训练方案，更好地针对运动员的短板精准有效训练,切实预防意外伤害性事件发生。做好基于信息技术集成应用的课堂教学观察和即时评价反馈。推进专业录播教室优化改进,实现课堂教学切片观察功能的有效落地。引导教师做精做细每个教学环节,使自己的教学行为日趋完美合理,提升教学有效性。积极创设实时互动的课堂教学硬件环境和小程序开放应用的软件环境,培养教师在课堂上及时处理和应用学生动态学习信息和数据,促进教师课堂动态生成应变能力、教学效益和信息技术应用水平的提升。逐步推进学生智能终端设备应用,提升教育教学信息化活力。

三、敬业爱生的模范

浦东模范中学的教师在日常教学中关注各能力层面学生的学习动态,能够根据每个学生的实际学情开展有针对性的辅导,在与学生的教学互动中用自己的情感去感染学生,用自己的知识去引导学生,用自己的举止去影响学生,用自己的话语去感动学生。众多教师经常利用课余时间对学生开展辅导,结合学生的作业完成情况,对学生在知识学习和能力培养过程中出现的问题进行切中肯綮地点拨和指导,并经常牺牲个人信息时间为自主命题、通过多样化的检测手段全方面关照学生的学习实况,密切跟踪学生的学习动态,加强家校联系沟通,积极形成有效家校合作。浦模教师认真关注课堂教学五环节,认真备课,以积极饱满的热情投入到专业培养和能力提升中去,能够主动运用所学的教育技术技能开展课堂教学实践,让学生充分享受到先进学科理念和教育技术带来的益处,努力实现课堂教学效益的最大化。此外,全体浦模人还能够积极探索学科育德操作点,以教科研组为单位,根据学科教学实际和教学内容特点开展学科育德操作点的讨论和归纳,对包括语文、数学、英语、物理、化学、道法、生命科学、劳技、地理、音乐、美术、信息技术、体育等各类学科中所包涵的育德内涵进行有条不紊地梳理,形成学科育德操作点,并开展多轮讨论研讨最终形成定稿,以此指导一线教师在学科教学中有效落实育德,着力解决好"育德"和"教学""两张皮"的现象,杜绝"德"与"智"的彼此剥离,实现学科知识教学和立德树人工作的无缝衔接。

浦东模范中学的教师在日常思想教育和人格教育过程中全情投入、无私奉献、以情感人、以言化人、以行动人,努力通过具有模范特色的育人策略,实现育人工作的稳步推进。

模范教师是具有清晰合理的价值判断力,训练有素的专业思考力,务实有效的行动执行力,勇于变革的教育创新力的专业人才,模范教师不断向着模范生长。

第二节　用手改变大脑:镌刻属于自己的专业印迹

人在劳动中改变自我并改造世界。教育教学是一种特殊的劳动,其与一般劳动的主要不同在于,教育教学的劳动对象不是僵死的、无生命或无人格的物质或动植物,而是具有主观能动性、情感丰富、具有行为能力且生活背景大相径庭的作为个体的人。这就决定了我们的教育教学不能满足和停留在一套既定的方法论体系之中,而必须根据外界客观条件的实际变化不断调整和优化教师的知识结构、教学理念、教学方法,密切关注自身教育教学各种变量的变化情况,及时根据学生的学习情况调整和改变自身的教育教学方略,革新自身的教学理念,勇于尝试新技术,敢于革除旧弊端,在一次次的自我否定中,不断自我扬弃,实现自身教育教学能力的进步。

浦东模范中学在教师培养过程中,始终关注教师教育教学能力的除旧布新,始终把握学科教学的前沿动态,始终坚持教育技术与课堂教学的有效对接,始终关注教师专业能力进步的有效促动,坚定不移地将教师的教学能力和教育技术水平的提高作为学校工作的重点,强调教育教学能力提升与一线教学实践活动的密切关联,将教师专业素养的提升与课堂教学的每一个细节关联起来,与教师一定周期内某些教学技能的应用联系起来,与课堂教学五环节的具体操作联系起来,引导教师在具体而微的教育教学实践过程中亲历自身能力变迁的过程,并设计规范有效的方法和评价规则,在一定范围内开展相关情况的科学记录并充分研讨,从而有效勾勒教师教育教学专业能力的变动轨迹和发展态势,并以此反哺教育教学活动,鼓励教师在自评、互评和反复研讨交流中形成自我反思的好习惯,通过反思实现自身业务能力和专业水平的不断提高。同时,通过这种评价反思和研讨过程的深入开展,将所有参与教师的智慧集中和凝聚起来,形成碰撞,激发创见,打造教师研究型学习共同体,整体提升学校教研品质,优化教研氛围。

遵循以上思路,学校从 2015 年开始以"教师成长档案袋"的建设和实践为载体,以 2015 年、2016 年浦东新区内涵项目为契机,依托专家资源和办学联合体平台开展了一系列活动,并创造性地将成长档案袋建设与学校既有的"一课三研"主题教研活动联系起来,推出"一课二上三研四反思"主题教研活动,在活动流程设计上充分听取和采纳了华东师大杨向东教授等多位专家的指导意见,力求摆脱过去教师业务考核的行政化模式,变定性考核为量化评价,变学校评定为团队评价,实现业务能力考核的重心下移和专业聚焦,瞄准和锚定课堂教学的具体内容和具体环节,引导教师通过教师成长档案袋的填写,进一步关注自身教学的优点和不足,在充分研讨的过程中实现自身教学能力的蜕变和升华。

在开展档案袋建设项目的过程中,我们首先着手厘清了概念,明确了重点。

1. "档案袋"概念。档案袋又称"卷宗",从语义上分析有"代表作选辑"的意思,源于艺术家作品档案袋,这是一种能够表现艺术家个人艺术追求、设计风格、创作成就、涉猎领域、集不同时期代表作和艺术探索历程作品集。总体上看,档案袋是指在某个过程中为达到某个目的所收集的相关资料的有组织呈现。一方面,通过这些资料或材料,可以展示事情的进展过程或个人的成长经历;一方面,在了解教师或学生成长道路的基础上,对他们的成就做出质性分析。

2. "教师档案袋"概念。美国国家教学专业标准委员会官网这样描述"教师档案袋":"教师档案袋用来捕捉教师在现场和真实环境中的教学情况,从而使评价者能检测出教师们是怎么将知识和理论转化成实践"。总体上,可将"教师档案袋"界定为:教师为提升自身专业能力而主动且有选择性地进行的个人专业成长信息的收集,并通过自评与他评而形成具有目的性及结构性的成长档案,它是通过培养教师批判反思能力从而促进教师专业发展的一种工具。重点包含如下四方面的重点:①教师档案袋的主体是教师;②教师档案袋的目的是专业发展;③教师档案袋的内容具有结构性;④教师档案袋的形成是反思与对话,自评与他评的过程。

3. "教师档案袋评价"概念。"教师档案袋评价"是指以质性评价为主,以激励教师主动参与、积极的自我反思、主动和谐发展为主的一种全新的发展性评价方式,它的最终目的是促进教师专业发展。

通过连续几年的成长档案袋实施和研讨交流,学校和全体教师基本形成了如下几方面的认识。(1)管理者教学管理理念更新。在区级内涵项目《教师成长档案袋的建设与实践》实施过程中,所有参与学校教学行政管理人员的教学管理思路得到了更新。主要有:①对教学工作评价机制的再认识。通过对绿色指标的深入解读,结合市级课题《绿色指标引领下提升教师育德能力的实践研究》的推进,更多关注对学生学业质量和教师教学质量的多元多维评价;②对师生关系的再认识。通过座谈、网络问卷调查,家长学校、家委会工作会等多样化的途径了解学生对教师课堂教学行为、课堂教学水平、作业布置情况、作业批改情况和学科育德情况的评价,收集相关信息数据,结合这些数据对浦模师生关系及教师教学能力形成比较全面客观的描述;③对主题教研活动的再认识。逐步改变过去主题教研活动由教导处布置工作,教研组负责落实的"自上而下"的推进模式,鼓励基层教师以备课组为单位结合教材遴选教学主题和教学篇目,以备课组为单位陈述主题或篇目选择的意义或价值,充分发动全体教师关于教学主题和内容的相关见解,进一步完善教师意见建议的记录、整理工作,更完整和客观地记载专业研讨的完整过程,进一步重视研讨交流的过程性价值,充分发扬教研组内部专业探讨的民主性和自发性,为教师自主发展提供助力。(2)鼓励教师自主确定研究主题。改变过去教研组确定研究主题,教师围绕既定主题设计和开展教学的做法,鼓励教师自主选择研究主题,充分调动教师在专业发展中的主观能动性和积极性,为更好地满足教师自我发展的诉求开辟舞台。(3)动态完善档案记录功能。"教师专业成长档案袋"应致力于收集和整理教师专业成长中的过程性材料及证据,在档案袋的设计过程中,避免对教师专业成长进行量化或定性评价,着力关注使用第一手资料对教师的专业发展进行描述性、过程性评价。使档案袋成为教师系统收集自身教学实况的载体。(4)坚持预设与生成的辩证统一。将档案袋的设计结构的相对稳定性特点同教师档案袋填写自主自发的能动性特点结合起来,使档案袋的设计结构不剥夺和干扰教师档案袋填写的自主性,更好地体现出教师专业成长评价的民主性和自发性。(5)关注教师三个维度的能力。通过档案袋的设计和填写聚焦教师三方面能力(教学设计能力、教学实施能力和教学评价能力)的提升。厘清三个维度下辖的各种概念,着力关注这三方面能力的具体内涵。(6)最大限度拓展教师参与面。重视教师在档案袋设计过程中的参与性,鼓励教师积极介入档案袋的设计,集思广益,对档案袋的内容、结构、评价维度等进行充分的讨论,着力提升《档案袋》的实践价值,最大限度地服务于不同专业层次教师的发展需求。(7)重视实证性证据的收集。在档案袋的填写过程中,通过大量实证性证据的收集来衡量和评估教师教学设计、教学实施和教学评价等三方面的能力。逐步地将包括学情调查和评估、教学设计、教学案例、教学实录、谈话记录、教学课例等在内的一切口头、文本乃至视频、音频资源都纳入到档案袋的填写范畴中来,从而更为全面、客观地评价教师的专业发展水平。(8)保持档案袋内容结构的可变性。"教师专业成长档案袋"的设计不是一个一蹴而就的过程,需要不断修改和完善。应当最大限度地保持档案袋的设计的开放性,在档案袋的实际填写中对它进行不断地改进和完善。(9)追求问题驱动式的档案袋设计和填写思路。在"教师专业成长档案袋"的设计和填写过程中,以教师专业发展为背景,着力关注对如下三方面问题的思考:教学设计应该从哪些角度来进行审视?教学实践应该从哪些角度来进行审视?教学评价应该从哪些角度来进行审视?所有档案材料的收集都应当围绕和服务于这三个核心问题。

2015年以来,浦东模范中学累计已有66人次参与教师成长档案袋的填写和"一课二上三研四反思"主题教研活动教学展示,占教师总人数的94.3%,已经真正成为促进和带动教师专业发展的常规有效做法,得到了全体教师的共同认可和肯定,众多教师在填写档案袋和参与主题教研活动的过程中,实现了自身专业素养和业务能力的跨越式进步,十数名教师在此过程中取得职称晋升,众多教育成果涌现,教师教学观念得到有效刷新,团队合作精神得到有效强化。教师成长档案袋的投入使用无疑是对通过实践优化观念,进而实现教学改进和专业素养提升的最佳诠释。

第三节　教师专业修炼：让每位教师向着模范生长

教师的成长不是一蹴而就的，需要经历一个或长或短的周期，必定遇到或多或少的坎坷，但只有经过时间的考验和困难的磨炼，教师才能成长为合格的育人者。在这一艰巨而堪称漫长的过程中，教师需要经过一系列修炼，浦东模范中学将教师的成长发展归纳为五项修炼。

一、修炼师德

2019年11月15日，教育部等七部门印发《关于加强和改进新时代师德师风建设的意见》，其中指出，全体教育工作者要"以习近平新时代中国特色社会主义思想为指导，深入学习贯彻习近平总书记关于教育的重要论述和全国教育大会精神，把立德树人的成效作为检验学校一切工作的根本标准，把师德师风作为评价教师队伍素质的第一标准，将社会主义核心价值观贯穿师德师风建设全过程，严格制度规定，强化日常教育督导，加大教师权益保护力度，倡导全社会尊师重教，激励广大教师努力成为'四有'好老师，着力培养德智体美劳全面发展的社会主义建设者和接班人"，"坚持思想铸魂，用习近平新时代中国特色社会主义思想武装教师头脑"，"坚持价值导向，引导教师带头践行社会主义核心价值观"，"坚持党建引领，充分发挥教师党支部和党员教师作用"，"突出课堂育德，在教育教学中提升师德素养"，"突出典型树德，持续开展优秀教师选树宣传"，"突出规则立德，强化教师的法治和纪律教育"。

习近平总书记的殷殷教导是全体浦模教师的前行指南和目标方向。学校高度重视师德师风建设,通过文明组室评比、师德座右铭征集、我身边的模范教师评选、教师节系列庆祝活动等多样化的形式开展师德师风教育。通过教师节全体教师宣誓活动进一步激发教师爱岗敬业、爱生乐业的职业精神,通过签署师德倡议书活动,提醒教师坚守职业道德和师德要求,坚守师德底线、坚持不碰红线,通过全教会、党员大会等各种形式开展师德师风教育,通过请进来、走出去的形式,参观访问红色圣地、研究所、博物馆、名人故居和上海地标,用光辉历史打动人,用鲜活事例教育人,用感人事迹鼓舞人,用理想信念感召人,坚定不移地筑好教师的思想道德防线。学校还通过教工运动会、妇女节教师活动、社团活动等多种工会活动形式,组织教师组成团队,用共同的兴趣爱好来丰富美化自己的生活和心灵,在享受忙碌工作之余,增进教师间的交流和友谊,为促进和谐校园建设作出了贡献。

二、修炼课程

积极推进课程建设的 3.0 转型。在扎实推进基础型课程建设的同时,努力孵化和改进学校特色课程。将特色课程建设与学校智慧校园建设结合起来,探索特色课程的智能化,为新中考改革背景下学生综合素养提升、跨学科案例分析和项目化学习的有效推进奠定扎实的课程基础。

目前,学校每学期开设 50 多项特色拓展探究型课程,其中,"草木染、中草药'百草园'、女足、射击、淮剧表演、音乐剧、水火箭制作"等课程已经形成特色,多个项目在各级各类比赛中获奖,并在学区内形成有效辐射,产生了积极的社会影响。根据新中考改革的要求和学生综合素养培训的需要,学校正在积极谋划设计,遴选一批原有特色课程开展信息技术智能化升级，更好地帮助学生提升综合素养，实现跨学科案例分析和项目化学习能力的有效提高。

（1）立足浦模"缤纷草木染"课程的原有资源和经验做法，积极推进课程由经验型向科学型的转变。在相关信息技术介入的大背景下，实现原有课程从传统手工艺劳动体验型课程向学生试错意识和甄别及比较能力培养的科学类探究型课程的华丽转身。通过引进相关数据采集方法和数据分析软件，引导学生通过实验和比较的方法对不同浓度的紫甘蓝染料与不同纤维成分织物间色牢度匹配程度的检测和分析，探究染液浓度与织物类型的理想匹配方案，实现学生自主探究能力的有效提升，打造创新素养培育的品牌课程。

（2）立足浦模"中草药'百草园'"课程的既有资源和经验做法，积极推进"百草园"与"机器人创客"课程的跨界融合。探索"百草园"课程基地的信息化、技术化革新。拟在百草园花床中铺设相关管线设施，并以购买服务的方式完成相关小程序或APP的开发，实现对百草园植被土壤水分饱和度、土壤营养成分、土壤微生物系统环境、土壤酸碱度、光照时长及光照强度的实时监控，通过小程序或相关APP实现相关数据的即时传输和分析，并完成对课程参与者的推送。课程参与者根据推送数据和相关学科知识进行研判，利用软件或小程序驱动相关智能设备对植被完成适度补光、滴灌或施肥，提升学生利用专业知识解决实际问题和正确决策的能力。

（3）在相关体育特色课程建设中，通过引进体能数据监测手环，实现对课程参与者出勤、呼吸、心率等重要数据的实时监测，以便更好实现个性化体能训练指导。使用应用程序，实现体能手环与移动终端的数据共享，实现学生体能训练和项目成绩的即时分析，动态生成学生个性化体能训练和项目训练方案，更好地针对运动员的短板精准有效训练，切实预防意外伤害性事件发生。

三、修炼课堂

浦东模范中学高度关注课堂教学,坚持在提高课堂教学效益上做文章、下功夫。每学年的第一学期面向学区范围开展高级、骨干教师教学展示课,要求上课教师根据学校确定的主题遴选教学内容,确定教学重难点,进行课堂教学展示,实现学科内部教学引领和示范导向。每学年的第二学期举行"浦模杯"教学评比赛活动,全体非高级、非骨干教师参与,每位教师遴选和确定教学内容后进行说课、磨课,并在教研组范围内进行上课,教研组全体教师进行打分,评选出组内优质课后,相关教师在全校范围内再次进行教学展示,积极促进青年教师专业成长。学校每学期定期开展教案检查和评比活动,对教师教学设计中的相关细节和备课数量、备课提前量等要素开展有针对性的量化检查,通过检查发现和反馈存在的问题,引导教师在备课上下功夫、花时间,切实提升自身备课质量。学校每学期还开展作业批改检查和学生上课情况问卷调查,对教师的作业批改数量、质量、评价方式等要素开展检查打分,并通过匿名调查问卷的形式面向全体学生了解各任课教师的课堂教学情况,对存在的问题进行及时的调查反馈和处理,从而更好地鞭策教师改进教学,优化课堂。我们还通过校本作业的编写和不断修订,切实提升教师自主命题的意识和能力,形成校本题库积累,努力打造分层作业,实现有教无类、因材施教,切实减轻学生不必要的作业负担,扎实落实减负增效。学校努力建设"四适"课堂,鼓励教师坚持以学生为核心开展教学活动,切实提高课堂教学过程中的问题聚焦意识和方法能力培养,不断改进教学方法,有效提高课堂教学效率。

四、修炼管理

这里的"管理"不是指学校的行政管理,而是指教师的个人自我管理。我们认为,一个教师在日常的教学教育工作中要着力做三方面的自我管理。

1. 情绪管理

浦东模范中学高度重视教师情绪管理和心理调节。我们充分认识到,只有情绪健康的教师才能培养出情绪健康的学生。学校定期邀请学校专职心理教师和专业心理学专家、心理咨询师到校为全体教师开设心理辅导讲座,指导教师开展学生心理问题疏导培训,指导教师发现自身心理和情绪问题并通过积极有效的正确途径开展自我疏导,实现自身心理问题的有效解决。

2. 生活管理

浦东模范中学先后邀请专业摄影人员、音乐专家、植物栽培专家、专业收纳师、著名演员、著名主持人和电视媒体人等到校为教师开设专题讲座。培育教师艺术鉴赏素养、激发教师热爱自然情怀、传授教师家庭生活技巧、带领教师领略文化时尚。在丰富教师人生体验和业余生活的同时,帮助教师更好地走上自我欣赏、自我管理的正确道路,使教师在日常生活中获得更多的价值感和意义感,更好地实现教师的职业和身份认同。

3. 专业管理

浦东模范中学以主题教研活动为载体,定期邀请市、区两级学科教学专家、教研员、特级教师或正高级教师莅临学校进行学科专业指导。多位教师在专家指导帮助下取得多项国家、市、区级教育教学奖项;数十篇论文在国家核心期刊或市、区级期刊发表,两篇论文被中国人民大学复印报刊资料库全文转载;多位教师参与学科专业书籍的编写和撰稿;众多教师取得职称晋升;多位英语学科教师赴英国参与学科专业培训。事实证明,学科专家对教师的专业指导是富有成效的,在专家的引领下,教师们更好地发现了自身专业的短板,更好地领略到学科的前沿,丰富和开拓了自身的视野,也进一步激发了自身的钻研动力,专家对教师的近距离、个性化指导使教师的专业能力迈上了新台阶。

五、修炼研究

浦东模范中学积极开展教学科研工作。学校抓住"学科育德能力""教师专业成长"和"学生素养培育"等关键问题,先后申报多项市、区两级课题和浦东新区内涵项目,取得丰硕的研究成果,还获评浦东新区教育科研先进集体称号。具体来说做好了如下几方面工作。

1. 加强教科研工作组织和制度建设

学校高度重视教科研工作的组织和制度建设,将教科研工作作为学校的重要核心工作纳入到学校每一轮四年发展规划之中,并在每学期学校工作计划中对教科研工作进行专门布置和安排,将教科研工作纳入学校绩效工资分配方案,鼓励全体教师积极参与教科研工作。学校设立教科研室和教科研常务副主任工作岗位,由具有教科研工作能力和教学研究能力的中学高级教师专门负责学校教科研工作的管理。认真做好每学期教科研工作计划并对每学期教科研工作进行小结。学校以学年为单位对教科研负责人进行履职考核,审核教科研工作述职报告并进行评价反馈。学校能够有效落实教学副校长分管教科研工作的条线机制,加强对教科研工作的顶层设计、高位管理和日常监督,促进学校教科研工作有序推进,使教科研工作更好地服务于学校可持续发展大局。制定《上海市浦东模范中学教科研工作管理办法》(下称《办法》),并根据学校实际进行不断修订完善。《办法》明确了教科研工作的基本原则、组织架构和主要工作职责、内容。成立了以校长兼书记魏澜同志为组长,以副校长和教科研主任为副组长,以其他中层干部和区级骨干教师为组员的学校教科研工作领导小组,确保学校教科研工作扎实、高效推进。《办法》围绕教科研信息宣讲、教科研课题管理、教科研能力培育、教科研文案撰写、教科研学分申报、教科研杂志征订和教科研绩效核算等内容对学校教科研工作具体内容进行了界定,明确了教科研部门的职责范围和相关工作的具体操作规范,为教科研工作的有效开展提供了明确务实的制度保障。

2. 加强教育科研课题的申报和实施

2014年9月以来,浦东模范中学先后申报并完成2014年区级重点课题《浦模精神引领下提升教师育德能力的实践研究》、2015年市级课题《绿色指标引领下提升教师育德能力的实践研究》、2015浦东新区内涵项目《关于构建教师专业发展的过程性和阶段性评价体系的实践研究》、2016浦东新区内涵项目《教师成长档案袋的建设与实践》。2018年浦模申报浦东新区区级重点课题《新中考改革背景下学生创新素养培育的实践研究》,成功立项并完成开题。此外,浦模还积极申报上海市信息技术标杆校,希望通过与相关专业机构的合作,打造信息技术主导下的人工智能校园,谋求大数据背景下校园治理、课程建设的不断优化创新。关注教师育德能力、教师专业能力和学生创新素养的提升。

3. 做好教育科研队伍的培养和建设

通过几年来的课题和项目建设,浦模已形成比较完整和成熟的教科研骨干队伍。目前学校有高级教师9人,区级骨干教师7人,校级骨干教师17人。学校组建了以校长、副校长、教科研常务副主任和所有区级骨干教师为成员的教科研工作领导小组。几年来,众多骨干教师参与多项市区两级课题,先后参与并完成的课题有：市级课题《教学设计起点评估的行动研究：基于变易学习理论的视角》、市级课题《绿色指标引领下提升教师育德能力的实践研究》、市级德育课题《特殊家庭孩子青春期心理健康调适研究》、区级重点课题《浦模精神引领下提升教师育德能力的实践研究》、区级重点课题《新中考改革背景下学生创新素养培育的实践研究》、区级内涵项目《关于构建教师专业发展的过程性和阶段性评价体系的实践研究》、区级内涵项目《教师成长档案袋的建设与实际》等多个课题项目。除学校教科研工作骨干队伍外，学校其他广大中青年教师也积极投入教科研工作和论文、论著撰写，众多论文在各级各类刊物发表论文；多位教师完成物理学科教学专著的编写，并正式出版发行，取得积极广泛的反响和好评。

第六章 模范管理：平衡优秀和成功的价值

管理是平衡木上的舞蹈，需要智慧、耐心和躬身服务以实现各方能量的最大限度释放，从而推动学校的全局发展和教师的个人进步。模范管理致力于帮助教师准确拿捏"优秀"与"成功"之间的微妙平衡，在努力让优秀的人取得应有成功的同时，也着力激励尚未成功的人变得更加优秀。具有模范特色的多元化价值衡量和评价方式正在让越来越多的教师从优秀走向属于自己的成功。

管理是人的事业，由人文化成，模范管理的核心在人，激活人的价值感、意义感，使之有梦想，愿意干，能干好，是模范管理的根本目标。管理的本质，就是激发和释放每一个人的善意。管理者要做的是激发和释放人身上固有的潜能，创造价值，为他人谋福祉。模范的管理就是要想办法让员工的工作变得有价值，让员工在工作中实现自我。通过激励、激发人的正确动机，调动人的积极性和创造性，充分发挥人的智力效应，做出最大的成绩，是每个管理者的追求。根据马斯洛需求层次理论，我们把教师激励分为三个层级：分配（物质）激励、精神激励和个人价值的实现。

第一节 分配激励：绩效视野下的价值定位

分配激励（物质激励）是激励的基础形式，以公正公平公开方式，并以相应的制度呈现。

表6-1 分配激励

分配激励	教师发展经费	学区化办学支持教师发展
	拓展奖项	自定标准、自主申报
	绩效工资制	按劳分配、多劳多得、优劳优酬

1. 绩效工资制。在政策许可的前提下，对教师绩效工资分配进行必要的改革，按照按劳分配、多劳多得、优劳优酬的原则实施。制订教师薪酬分配方案时，我们遵循以下流程：征求教师意见——起草初步方案——教职工代表讨论修订——职代会审议——全体教师通过。这样的流程，让全体教师明晰薪酬分配方案，为教师自主申报岗位打下基础。对于同岗位的等级划分，交由相关层级的工作小组决策，因为他们掌握的信息最多。协商讨论制定出来的《工资方案》面向全体教师公示，有利于教职工之间形成透明、公正、简洁的文化。方案实施过程中如果暴露出问题，可以按程序申请审议。具体方案向全体教师公布，学校及教师采取双向聘任的方式定岗，教师有自主选择岗位的权利。对于相同岗位薪酬，根据教师经验与实绩，进行绩效考核后适当拉开差距，由聘任小组决策教师等级。

2. 拓展奖励奖项。人与人是不同的，每个人的个性与需求也是不一样的。对于教师奖励，传统的几项诸如优秀教师、先进工作者的评选评价，远远不能满足教师的个性化需求。需要根据教师的特点，设立相应的奖项。学校除了传统的奖项之外，根据学校发展的需求，我们设立了：课堂教学改革标兵、最受学生爱戴奖、最受家长信赖奖、学校特殊贡献奖等等。我们将更多的奖项指向团队，如和谐年级组、优秀教研组、最佳创意团队等等。我们还开展了自主申报奖项，激励教师个人或团队。学期初各团队和个人根据自身发展需求，向学校提交申报的奖励名称和评价标准，与学校评价小组协商达成共识，期末学校组织评价专班，按事先协商的标准考核，只要达到目标即可颁奖。对于团队获奖，学校倡导将奖励用于团队的发展和建设，获奖团队一般用于团队活动，如召开"团建设答谢会"、聘请专业人士指导团队成长……

3. 教师专项发展经费。学校通过浦兴学区化办学申请教师专业发展支持经费。这笔经费的使用除了用于教师外出学习开支以外，还用于项目组、教师个人工作室的基本运行，为那些想发光发热、承担更多责任的教师提供支持。

第二节　精神激励：情怀驱动下的价值升华

精神激励即内在激励，是调动教职工积极性、主动性和创造性的有效方式。学校向老师提供多元的自我发展机会。

表6-2　精神激励

	授权激励	委以重任破格提拔
精神激励	榜样激励	榜样示范现身说法
	资源激励	外出学习聘请导师

1. 资源激励。资源激励有多种方式。如：提供外出学习机会，教师根据自身需求选择参与；个人也可以向学校申请外出学习，支持教师按需外出学习；鼓励教师自己寻找学习资源，甚至聘请专业人士进校指导；当一部分教师成长为专家型教师后，学校搭建平台寻找资源，让其到兄弟学校交流，甚至做专家指导，提升专业自信。

2. 榜样激励。帮助教师树立身边的榜样。对于一些优秀的、研究型的教师，设立如"浦模班主任分享式学习工作室""温馨班级文化建设项目组"……发挥榜样激励的作用，引领身边的教师。学校创造各种机会让这些"先行者"和"榜样"，在各种大小场合现身说法，分享事迹和经验，并把他们的照片和主要事迹贴在学校最显眼的地方,在校官微上发布优秀教师的先进事迹视频。

3. 授权激励。对于能力强、有责任心的教师,学校会委以重任,负责某个项目的研究和开发,或者某个问题的研究和解决,给予必要的挑战性,增强其积极性。同时,对于优秀的、有管理潜质的教师,破格提拔,担任相应的年级或教研组管理工作,逐步向管理者培养。

第三节 成就激励:让教师的梦想变为现实

人最高层次的需求就是"自我实现":认清自己,审视自己,明白自己想要什么,能做什么,并找到一生的努力方向。很多人都被残酷的现实所束缚,每日为了生活、工作奔波不休,没有资源和平台去实现自己的价值,我们试图为教师提供这样的机会。

表6-3 成就激励

价值实现	自我认同	内心坚定 强烈的使命感
	同行认可	校内推介 校外辐射
	成果辐射	开发教师成果向外推介

1. 成果辐射。学校成立教师教育科学研究中心,帮助教师开发成果是其主要的功能之一。当一线教师教育教学有了成果,研究中心就会集结资源,为教师开发实验成果,寻找并提供成果辐射的路径。比如校内经验介绍、校外专家讲座、文章推荐发表,策划个人专辑等,让教师成果向外辐射,以影响更多的教师和学生。

2. 同行认可。在成果辐射出去之后,同伴会有各种各样的反馈与交流。这时,学校会提供场地、机会、时间,邀请同行对成果的实用性、可操作性进一步研究,对如何改良完善进一步探讨。这样的研讨能让老师的成果为邻家学校所参考、借鉴并带来新的思考。研究探索得越多,老师得到的认同也就越多,最终实现同行认可,这又反过来促进教师个体的研究热情。

3. 自我认同。自我认同是一种很难达到的价值实现境界,又称自我同一性。是指人对自己的本质、信仰和一生中重要方面前后一致及较完善的意识,也即个人的内部状态与外部环境整体协调一致。教师成长和发展不能仅仅停留在教师行为和能力的改变上,而要转向对自我身份认同的积极关注,实现教师内在的深度改变。因此,教师要实现自我价值,不能急功近利,要从教师专业发展的过程中去促进教师自我认同。让老师在学校工作中有安全感、归属感、幸福感、价值感才是终极追求。

第四节　愿景激励:追求沟通合作中的共赢

措施一　沟通秘道:对话倾听,双向育心。

每一位教师都有独特的标识,但因着教育聚在一起形成工作共同体、成长共同体。和谐、活力、团结、正能的教师团队是我们共同期待的模样。因此,校园教师关系、教师情绪直接影响着学校教育品质。而教师间的一切误会都是因沟通不畅所致,在学校教师管理过程中,为降低、减少、消除不必要的误会、摩擦,我们会给老师一个畅通、安全、舒适的沟通秘道。

育心发现。 学校发展建设,是一个动态创生的过程。在这个过程中有尽人意之处,也有不完善之点。而一所学校的建设与发展,是我们全体老师共同的责任与使命。

老师们发现学校在治理过程中有问题,可以当面与校长或主管部门沟通交流,也可以将自己的所见、所思、所研形成文字以书信的方式发校长或主管主任沟通。而"育心发现"的沟通方式,就是让所有老师做学校管理的有心人,人人都是学校管理者、建设者,要加入到学校的管理与建设队伍当中,不是旁观者、批判者,应是建设者、研究者,让老师们在真实的教育时空场域以校长的视角看待出现的问题与不足,提出相应解决方案,在发现问题、研究问题、解决问题过程中成长。

育心回复。 校长或主管主任每日事务繁忙,会艺术和策略地进行回复,可达到沟通最佳效果。回复方式常见的有以下几种:

一是书信式,当面不好说,用文字回复更有效果的则用书信回复;

二是面对面对话式,需要特别关怀者,则采取当面正式交流、对话倾听方式更佳;

三是轻松聊天式,根据对方性格特点而定,若内向、敏感者,则用轻松的氛围进行交流,如在校园花园散步式聊天交流、在校园咖啡吧休闲式交流;

四是无痕回复交流式,如在校园日常生活中大课间、午餐、校园偶遇时自然进行回复,让对方自然而然地接收到你的回复。

五是新媒体植入式,如果遇到一些敏感话题的回复,既不好当面说,也不好书信回复,那就用公号写一篇老师困惑的相关文章,供老师阅读、内观、自醒。

育心共享。 在育心发现、育心回复双向有温度的沟通中,双方共享育心的时光。校长或主管主任会将每一位老师需要解答的困惑作为研究对象,对每一位对话的老师进行深度阅读。老师可以在与校长或主管主任交流过程中,学习校长和主管主任的换位思考,教育智慧,提升格局。这是双向互惠、育心共享、有温度的沟通秘道。

措施二 专业发展:项目推进,协创成长。

教师的专业发展是其成长的根本,是一所学校品质师资队伍的保障,好教师就是好教育。但一所学校的老师因其个体差异,所呈现的成长态势不一样。对教师专业成长路径与策略是多维、多元、多向的。

除了外培,内生则是教师专业发展的持续动力。而要将老师的内生力、内驱力持续激发,最有温度的管理细节就是"项目裹挟",协创成长,让不同性格、能力、特点的老师能主动寻找到自己成长发展的"C位"。利用项目制推动教师专业成长,项目制能突破部门的框架。围绕主题项目重构教师团队,统整人力资源,激发教师活力,释放最优教育力量,创生品质项目成果。如,学校要进行六年级新生入学报到体验课程项目,按传统管理则是德育处、教导处、教科室等职能部门分头牵线执行。按现代学校治理理念进行此项目"招标","中标"以后,中标老师则迅速成立相应环境创意设计组、体验课程开发建设组、校园志愿服务讲解组、六年级教师培训组、活动外宣组等。

这样将学校固有的传统管理模式完全打破,让老师们结合自身专业和特长成立项目组,互相协创,共同完成这一专题项目。

项目制扁平化管理的推进中,充分尊重教师,放权老师,给老师无限创造的空间与平台。在项目推进中,增进了老师间的情感,彰显了老师的专业与个性,在互动协创中发现人、欣赏人、成就人、成全人,最终成长自己。以项目制方式推进学校工作,就是为老师专业搭建个性平台,提供成长机会。一群人为着共同的目标,齐心协力,众筹智慧,各司其职,这就将"框架"式的传统管理转向现代的"平台"式管理,让教师们在做项目的过程中舒适地工作着、成长着、快乐着、欣赏着。

措施三　教师社团：课程开发,怡情养性。

好教师是有专业尊严的教师,是精神上气象万千的教师。教师的知识结构应包含着精深的专业知识、开阔的人文视野、深厚的教育理论功底。除此以外,我们还开发设计教师社团课程丰富教师教育生活、怡情养性。

根据老师们的个性特长整合社会资源开发设计教师社团课程,用专业的人来做专业的事,让有才能和特长的老师为教师的管理注入活力,让社会资源丰富教师个性需求。比如健美操、瑜伽、书香社、创艺手工、插花、茶艺、服饰搭配、乐唱、羽毛球、篮球、影视制作……

丰富的课程让老师们从单纯的专业生活走向五彩缤纷的空间,让老师在专业以外找到自己的爱好,开发潜能、拓宽视野、提高审美,让自己成为一个品味高尚、精神丰富、生活多彩的人。这样的教师管理不仅有温度,还有深度与广度,让老师在常态课程中去挖掘让自己惊讶的自己。

措施四　创意团建：热情工作,热烈生活。

"团建"是教师管理中传统的方式,可以凝聚人心,增强情感,彰显个性。浦模一直倡导"工作与生活联欢"的团建理念,让老师们学会热情工作,热烈生活,将专业工作与生活联欢进行到底。

"三八"妇女节教师厨艺云大赛,以年级工会小组为单位制订菜单,团队在食堂协作完成年级组菜单任务,会炒菜的炒菜,会做造型的做造型,会做年级海报的做海报,每一个人参与,发挥所长为团队助力。邀请食堂师傅对各年级菜的品相、品味、品质进行评价,最后颁发个性奖章。

教师节课程中有一个板块是"幸运9·10",项目组会根据学校管理职能中心的特点,申请一些特别的权限,然后面向全体老师征集心中的愿望制作成幸运卡,如,针对校长的愿望：我要请校长给我捶背、我要和校长合影、我要校长为我打午餐、我要校长给我跳支舞、我要校长给我放半天假。还有针对部门的愿望：班级月考核免一次扣分、享有一次补签机会、提前一小时下班、学校送我一本心中的书、特别爱心车服务一次、对身边的同事大声说我爱你……这样的自上而下和自下而上的有温度的设计细节，就是让老师在节日课程体验中，将爱大声表达出来，享受节日的快乐，感受职业的幸福，从而将在这一天体会到的职业幸福迁移到日常的每一天，创造每一天，将每一天都过成教师节。老师有这样愉悦的身心幸福状态，课堂、交往人际关系也是充满温度与幸福的，而校园的教育自然就是充满幸福和温度的。

元旦节创意冬锻迎新，以教研组为单位开展，将组内教师人才汇聚在一起，将学校管理者和老师统编在一起开展团建。

学校利用好这种特别的节日进行创意团建的设计，让老师在活动中展示与日常不同的一面，活动中既增进了同事间关系，又放松了身心，全体教师全情投入到与教育工作不一样的场景中，感受生活的热烈、工作的热情。这就是我们教师生活应有的模样，在这样先进理念引领下，让老师走向精神灿烂、生活丰富的世界。

马克斯·范梅南说："教育学就是迷恋他人成长的学问。"而教师管理就是促进老师成长的学问，迷恋老师成长的学问。解放心灵、唤醒自我、发展个性是教师管理的出发点和归宿，最终让老师能规划自觉、发展自觉、成长自觉、生命自觉。

附录：

上海市浦东模范中学四年发展规划(2020—2023)

科学精细成就人才　　培育素养缔造未来
为学生可持续发展奠基

上海市浦东模范中学四年发展规划

(2020 年 1 月—2023 年 12 月)

以党的十九大精神为指引,贯彻习总书记在全国教育大会上的重要讲话精神,根据党中央、国务院《关于深化教育教学改革全面提高义务教育质量的意见》和上海市《关于贯彻〈中共中央国务院关于深化教育教学改革全面提高义务教育质量的意见〉的实施意见》及国家、市《中长期教育改革和发展规划纲要(2010—2020 年)》等文件精神,坚持五育并举,坚持立德树人,围绕学校"以人为本、和谐发展"的办学理念,紧紧抓住"突出德育实效、提升智育水平、强化体育锻炼、增强美育熏陶、加强劳动教育"总目标,着力培养适应时代发展需要和具有个性特长的"基础扎实,主动发展"的学生,着力打造"讲人格、讲品位、讲奉献"且"师德高尚、师能娴熟、师艺精湛"的师资队伍,扎实践行"人人有气度、思想有高度、言行有雅度、教育有精度"的"四度"教师倡议,坚定不移地在科学化、精细化管理上下工夫,继续办好老百姓家门口的义务教育,确保学校高位发展。特制定浦模 2020 年—2023 年四年发展规划。

第一部分　现状分析

上海市制定《关于贯彻〈中共中央国务院关于深化教育教学改革全面提高义务教育质量的意见〉的实施意见》,《实施意见》突出义务教育"五育并举",全面提高育人质量;多措并举,积极回应社会关切;政策协同,支持保障义务教育改革发展。《实施意见》把完善"五育并举"课程体系,发展素质教育、深化教育内涵发展,促进体质增效、深化招生考试制度改革,完善评价体系、建设"家门口好学校",促进优质均衡发展、强化师资保障,提升教师专业能力等一系列工作作为提高义务教育质量的主要任务,强调抓好教学质量、办学质量和区域教育质量,发展更有质量、更加公平、更加美好的义务教育。

当前,教育最重要的任务就是要贯彻国家和上海市关于深化教育教学改革全面提高义务教育质量的要求,认真落实国家和上海《中长期教育改革和发展规划纲要》,创新教育管理体制机制,优化和改进教学方式,构建提高学生创新素养课程体系,创新教师培养机制,建设创新型教师队伍。在此大背景下,浦东教育机遇与挑战并存。浦东是典型的城郊结合型地区,地广人多、教育体量大、城乡和校际发展不平衡的现象较为突出,因此浦东教育持续面临三大挑战:一是浦东经济社会发展水平的快速提升对高质量基础教育的强烈需求;二是百姓对公平、优质、多样化的教育的热切期盼;三是浦东各方人才集聚对教育的高要求和高期望。目前,浦东新区教育正处于从外延式发展转向内涵式发展的重要阶段。教育的宏、中观背景为浦模的后续发展提供了机遇,提出了挑战。

一、学校概况

1. 办学沿革

上海市浦东模范中学前身为上海市金桥中学,开办于1997年9月。2000年7月起,按照有关政策并经政府批准,成为上海市中小学办学体制改革试验学校,由上海市劳模协会协议承办,更名为上海市浦东模范中学。浦东模范中学的发展经历了转制办学阶段(2000年7月—2007年8月)、托管阶段(2007年8月—2011年8月)和公办校长负责制办学(2011年9月至今)三个阶段。

2. 硬件设施

浦东模范中学占地面积18 297平方米,建筑面积10 375平方米,体育场地7 875平方米,绿化面积4 852平方米,拥有250米环形塑胶跑道和1个足球场,2个室外篮球场,1个室内篮球场,1个排球场,有占地面积72平方米的专用乒乓房。学校拥有282平方米开放阅览室和72平方米藏书库,藏书4.373 4万余册。学校的食堂能提供500多人同时用餐。目前,教师人手一台电脑,所有教室和专用教室配备了电化教学设备和24间教室配备多媒体教学设备。

3. 师资状况

目前,学校在编教职员工74人,专职教师71名,教辅人员3名。教师具有研究生学历者6人,具有本科学历者65人。学校目前拥有中学高级教师9人,区级骨干教师7人,校级骨干教师16人。

4. 学生状况

学校现有四个年级24个教学班,每个年级6个班,在校学生共计1 050人。

二、优势分析

教师队伍坚持"讲人格、讲品位、讲奉献"的三讲精神,扎实践行"人人有气度、思想有高度、言行有雅度、教育有精度"的"四有"教师倡议。具有一支执行力强、勇于奉献、业务能力强的干部队伍和教职工队伍,教学质量高位稳定,学校制度体系建设不断完善,法治化建设过硬,社会影响力与辐射力进一步增强,校园文化的育人功能日益显现。学校现为上海市首届文明校园、上海市行为规范示范校、上海市安全文明校园、上海市爱国拥军模范单位、上海市家庭教育指导实验基地、上海市依法治校示范校、上海市少先队优秀大队、上海市金爱心集体、中国创造教育学会创造教育专业委员会实验基地、上海市健康促进学校、上海市节水型学校、上海市无烟单位、上海市教育系统关工委特色项目学校、浦东新区文明单位、浦东新区行为规范示范校、浦东新区法制示范校、浦东新区绿色学校、浦东新区艺术特色学校、浦东新区体教结合学校、浦东新区博爱学校、浦东新区健康校园、浦东新区办学绩效优秀学校、上师大教育实践基地等。

1. 办学目标明确,规划实施有力,重视开放办学,辐射引领有效

学校在"以人为本、和谐发展"的办学理念指引下,实施"五育"并举模范教育,以办好让家长满意的学校为办学目标,将党的教育方针与学校办学优势有机融合,较好地契合新时代对学校发展要求,具有前瞻性和可行性,彰显学校办学思想和育人的价值追求。学校以规划引领发展的意识强,在实施过程中注重分步有序,以阶段目标的设定和年度工作计划落实为抓手,及时总结,动态调整,扎实推进本轮规划有效实施。学校不断完善各项规章制度,保障教育教学工作有序开展。加强校园防控体系的建设,积极争创安全文明校园。学校在发扬和倡导浦东

模范中学"讲人格、讲品位、讲奉献"的教师精神同时,注重制度的人文关怀,关心教职员工的切实利益。学校积极发挥家委会的作用,不断完善学校治理体系。学校与浦兴街道相关单位结对共建,充分发挥了社会教育资源的作用,学校、家庭、社区合力共育、携手共助学生健康成长。学校成为家长信任、社区满意、社会关注的家门口好学校。学校积极发挥模范学校的示范辐射作用,为浦东模范实验中学和浦兴中学输送干部人才,作为浦兴学区领衔学校,搭建以"基于问题情境,培育创新素养"为主题教学教研周的平台,引领学区化建设不断深入,为区域义务教育优质均衡作出努力。

2. 建设校本课程,探索"四适"课堂,强化教学管理,教学质量高位稳定

学校确立了三类课程建设目标,努力构建"科文艺体,多元发展"的学校课程,致力于培养个性特长,主动发展的浦模学子。以"编制、完善校本作业"为载体,全面推进基础型课程的校本化实施。广泛利用各种资源建设拓展探究型课程,先后开设了"机器人'创客'、缤纷草木染、淮剧表演、音乐剧、女足、花式跳绳"等多种科、艺特色课程,不断满足学生发展需要。以"缤纷草木染"特色课程带动学校探究型课程建设,分别在六、七、八年级开设生活探究、实验探究、英语文化类探究课程,培养学生分析、解决实际问题的能力,促进学生综合素养的提升。其中,"缤纷草木染"课程获得中华优秀传统文化校本课程资源评比二等奖。学校以"适宜、适度、适量、适当"为教学改进策略,打造"四适"课堂,引导教师改变观念,改进课堂教学行为。通过多种途径深入推进"四适"课堂研究,围绕"把握学科价值,关注学科育人""基于问题情境,培养创新素养"等研究主题,开展课堂教学"四适性"实践,构建"一课二上三研四反思"教研模式,积极培育学校教研氛围,提高课堂教学有效性。学校以"精细化管理"为目标,完善课程教学管理制度,明确岗位职责,通过学校领导蹲点制度,加强对教研组、备课组工作的检查与指导,引导教师关注教

学环节,关注学生需求,推动学校教学计划在各学科的有效落实。重视教学质量监控,准确把握教学状态,及时发现教学中的优点和不足,了解不同学生的发展状况,因材施教,分层跟进,有效保障教学质量的高位稳定。

3. 弘扬"劳模精神",涵养学生品行,优化评价机制,提高学生综合素养

学校重视传承劳模精神,赋予时代内涵,不断形成富有"浦东模范中学"特色的德育工作机制。行规养成精细化,把落实《中学生守则》和学校育人要求相结合,细化成七个方面九十二项的规则标准,通过细节规范人人实地演练;行规标准测试;"行规知识知多少"竞赛等,达到对规则要求的认知、认同。各年级确定行规突破重点,师生共同参与管理,开展有针对性的评比,将行规教育纳入学生成长手册,促进学生走向自律。德育活动主题化,开展"与友善同行"等主题教育活动;以"不忘初心跟党走 青春飞扬逐梦行"为主题的艺术节活动;以"游戏让浦模更美好"为主题的迎新活动;紧扣时代主题,迎国庆 TED 演讲活动等,在活动中培养学生组织策划、合作参与、表达交流的能力,凸显教育活动的育人功能。"孝心教育"特色化,坚持开展以"四心"为主线的"孝心教育"活动,制定不同年段的教育目标和特色任务,引导学生在节假日完成"五个一"孝心活动作业,开展"孝心标兵""孝心好学生"的评选和表彰,塑造学生健全的道德品格。优化评价机制,"劳模精神"助成长。学校定期开展班级与劳模结对交流、"走访社区劳模,传承工匠精神""劳模进校园"等活动,发挥着劳模精神对学生思想道德成长的引领作用。通过标准清晰——注重过程——多方参与——榜样力量的"模范学生评比"活动,将劳模的责任担当、无私奉献和工匠精神等融合在学生成长的品质培育上。"模范学生"评价机制不断优化,"学生成长日志"记录不断完善,学生、教师、家长积极参与,过程评价与结果评价相结合,规范评价和个性发展评价相统一,项目评价与综合评价相融合,有力促进学生综合素养发展。

4. 丰富"三讲"内涵,提升育德能力,推进团队教研,促进教师专业成长

强化师德师风，争做"四度"教师。学校与时俱进，不断丰富"讲人格、讲品位、讲奉献"的精神内涵，以习近平总书记"四有"好教师的要求来倡导争做浦模"四度"教师，即"人人有气度、思想有高度、言行有雅度、教育有精度"。通过开展市级课题《绿色指标引领下提升教师育德能力的实践研究》和区级重点课题《浦模精神引领下提升教师育德能力的实践研究》，不断加强师德师风建设，加强廉洁文化教育，构建良好师德氛围，在教育教学改革实践中提高教师的育德能力，三位教师课例入选上海市中小学学科育德精品课程，学科育德工作经验在市教委教研室《课程改革与教学研究专报》刊登。教师队伍整体精神状态好，爱学校，爱学生，讲奉献。规范管理促成效，团队合作促成长。学校制定《教师专业发展方案》《教师校本研修手册》等各项教育、教学规章制度，注重教育教学的规范落实，通过教工大会、专家报告、教学活动等多种形式提高教师规范从教的意识，形成良好的教风。开展校本研修，以"一课二上三研四反思"教研模式整合各类资源聚集教学改革，专家引领，同伴互助，形成团队教研的氛围。教研组开展课堂教学研究，讨论分析教学的真问题，在区级骨干教师和高级骨干教师展示课、"浦模杯"教学评比等效应的引领下，促进教师专业化发展。学校通过教师成长档案袋建设，记录教师在课堂教学实践、反思、调整、再实践的教研过程，提升教师专业成长，激发教研团队思维碰撞、合作分享，提高教师队伍整体水平。语文、数学、英语、综合文科和综合理科教研组先后荣获浦东新区优秀教研组称号。

三、面临的问题和挑战

1. 要进一步夯实德育工作建设中"劳模"精神的影响力和执行力

建议学校在新一轮发展中，要加强德育工作的顶层设计，制定好德育工作发展规划,把办学理念与德育课程目标融合贯通,形成分年级分层目标要求,同时形成操作流程,细化评价要求。进一步架构"模范学生"目标,把"劳模精神"的核心内涵与培育社会主义核心价值观和学生发展核心素养相结合,融入学生发展中。在推进"智慧校园"项目中,要加强"模范文化"建设,从育人机制和校园环境布置、教室氛围创设、学生成长记录等方面着手,努力扩大"劳模"精神的影响力和执行力,让模范教育发挥育人的整体效应,培育新时代的"模范学生"。

2. 要进一步加大新中考改革背景下的课程建设和课堂教学转型力度

建议学校在现有课程建设的基础上,加强三类课程的整体设计,进一步完善学校课程方案,制定出体现办学理念、培养目标、推动学校创建"智慧校园"的课程建设方案。制定好学期课程计划,规范各类课程设置,整合校内外各类资源,不断开发学生参与度高,促进学生全面而个性成长的校本课程,形成具有浦模中学的课程特色。如何深入推进"四适"课堂研究,学校可以课题或项目的方式,以点带面,由教研组根据不同学科特点寻找实践探索的切入点,总结、提炼"四适"课堂的学科标准,进而形成学校"四适"课堂教学的范式,促进教师智慧的教,学生智慧的学,真正实现传统课堂向"智慧课堂"的转变,以高效优质的课堂支撑教学质量高位稳定,为落实"减负增效"提供教学改革的经验,更让学校宝贵的办学经验辐射到周边学校,整体提升片区学校的教学质量。

3. 要进一步加强"智慧校园"创建的大背景下的教师梯队建设

建议学校在创建"智慧校园"建设中,基于教师队伍结构现状分析,针对不同年龄阶段教师的专长特点,系统思考、整体规划,设定不同层次、不同类型教师专业发展的目标和任务,架构起教师梯队培养的模式,健全和完善面向全体教师专业发展的工作机制。"一课二上三研四反思"的教研模式针对不同阶段、不同层次的教师制定不同的主题,设定不同的目标,运用新技术与教育教学的有效融合,激发教师自我发展愿望和创新意识,为培养智慧教师开辟多种路径和搭建多元平台,促进不同成长阶段教师的专业发展,让教师的智慧火花绽放在教育教学的全过程,不断提升学校办学实力。

第二部分　目标定位

一、办学理念

以人为本、和谐发展。

1. 以人为本

人是教育的核心和精髓,人是教育的起点,也是教育的终点。以人为本的核心是"以师生发展为本",通过科学的教育途径,充分发挥人的天赋条件和主观能动性,使人的各种品质得到全面发展。

2. 和谐发展

在学校的发展、学生的发展、教师的发展中,不和谐是绝对的,和谐是相对的,从不和谐向和谐发展是我们办学的出发点和归宿,也体现在我们办学的全过程。

注重构建和谐的人际关系,创设和谐的教育和管理情景,各种教育及管理力量和谐共振,培养德、智、体、美、劳和谐发展的学生,关注知识学习和能力培养的和谐,造就和谐发展的教师,建设和谐发展的学校。

二、办学目标

管理运作高效率,校园文化高品位,教育教学高质量,教师队伍高素质,具有一定示范性和品牌效应的市级优质公办初中。

1. 管理运作高效率

以"以人为本"与"科学管理"相结合的管理思想为指导,实施项目管理与部门管理相结合的管理策略,调动师生员工积极性,实现管理运作高效率,依法办学,以德治校,依法治校。

2. 校园文化高品位

大力弘扬"和谐、尚志、求实、创新"的校风,"乐教、爱生、务实、高效"的教风,"勤学、主动、自信、创造"的学风;在全校教师中大力倡导"讲人格、讲品位、讲奉献"的品位、修养和境界,在全体学生中倡导"自主学习,主动发展"。

3. 教育教学高质量

深化课堂教学改革,构建优质高效课堂。深入推进素质教育,促进每位学生的个性化发展。在全面提高学生综合素质的基础上,保持教育质量高位稳定。

4. 教师队伍高素质

坚持把师德建设摆在教师队伍建设首位,强化师德教育。重视和促进每个教师的专业发展,提升教师专业发展境界,在区域内有强势学科,有知名教师。

三、培养目标

培养适应时代发展需要和个性特长的"基础扎实,自主发展"的学生。

1. 基础扎实

基础扎实是指学生在原有基础上获得不同提升,具有良好的基础道德与行为规范,具有健康、持续发展所需的知识与能力,主动地获取新知识、发展能力,学业合格,学有所长。

2. 自主发展

自主发展是指学生能够把握自己,在知识应用、问题解决、尝试研究中,发挥潜能、发展个体,实现自身提高;以人格塑造为基础,能主动吸收中华传统文化精髓,陶冶情操,自觉锤炼,利用一切资源和条件增强综合能力,可持续发展能力。

第三部分　重点工作和主要举措

一、学校管理

(一) 工作目标

严格执行和不断完善"校长全面负责,支部监督保障,全员民主参与"的管理体制。进一步推进依法治校,及时传达上级政策,认真落实教育制度,规范组织教育教学,切实保障校园安全;加强学校制度建设和管理文化建设,不断提高工作规范意识和立德树人质量水平,不断促进校园和谐有序发展;加强校园人文软环境建设,培养师生文化底蕴,提升学生综合素养;加强智慧校园建设,构建学校大数据平台,促进教育教学工作的科学化、精细化。努力建设一支思想过硬、团结协作、民主和谐、奉献进取、有水平、有能力、朝气蓬勃的干部队伍。

(二) 工作举措

1. 深化党政工团建设,发挥能力作用

(1) 努力在巩固一级支部优势基础上,更好发挥党支部的战斗堡垒作用;增强学习新思想、新理论的力度,做好全体教职工的思想政治教育工作,进一步加强团队工作;以结对共建、活动互助、课题共研为载体,推进浦兴学区党建联合体建设。

(2) 不断完善内设机构职能分工。厘清四个职能部门(校务保障中心、学生发展中心、课程教学中心、教育科研中心)的工作职责,不断细化和明确岗位职责,捋顺条线分工,切实提升管理质量和水平。

(3) 努力实现学校各项工作大数据转型,深入推进学校大数据平台建设,在校园治理、教学管理、德育工作、教育科研等领域初步开展各项数据的收集和利用,切实保障智慧校园建设有序推进。

(4) 加强学生工作指导,促进学生工作与社区文化资源对接,继续推进社会实践活动。进一步加强教工团支部建设,全面关心青年教师的思想动态、工作学习和业余生活,营造青年成长发展良好氛围,促进青年教师不断进步。

(5) 关心支持民主党派活动。积极发挥民主党派协商、监督和参政议政的职能,同心同德加快学校发展。

(6) 做好工会工作、退管工作和关工委工作,维护广大教职工合法权益,不断增强学校凝聚力和向心力。

2. 加强文化软环境建设,营造良好有序校园环境

(1) 做好校园环境维护保养工作,力促校园网络功能升级,加大学校特色品牌课程宣传力度,进一步巩固学校文化舆论宣传阵地,不断提升校园官网和学校公众号的品质内涵。

(2) 依法治校,依法治教;民主管理,科学管理。发挥好支委会、党政联席会、工会、教代会、少代会和家委会等在学校民主管理中的积极作用,努力营造安全、健康、文明、和谐的育人环境。

(3) 倡导"和谐,尚志,求实,创新"的校风、"乐教、爱生、务实、高效"的教风、"勤学、主动、自信、创造"的学风,发现学生亮点,表扬学生优点,使学生个性得到张

扬、能力得到培养,实现学校事业发展、教师专业进步和学生全面健康成长的共赢。

3. 强化学校安全工作,确保无重大安全事故

不断完善财务管理制度,严格执行校产管理制度,按规定合理使用经费,规范收费行为,杜绝乱收费现象。服务师生、服务教育教学。进一步加强安全监控,严格履行安全值班责任,及时发现和消除安全隐患。以智慧校园建设为契机,优化周界报警系统和门禁管理水平,做好校园防疫和消防安全工作,进一步提升学校安防水平。各部门密切配合,切实加强安全教育,全面提高师生安全防范意识和自救、互助能力。修订完善安全卫生突发事件应急预案,关注学生健康,做好学校食品卫生、心理健康、各种流行性疾病防控工作,杜绝各种流行病的发生和传播。

二、德育工作

(一) 工作目标

坚持育人为本、德育为先,将立德树人作为德育的根本任务,贯穿于教育教学的各个环节,创新德育形式,丰富德育内容,不断提高德育工作的吸引力和感染力,增强德育工作的针对性和实效性,使学生具有理想信念、公民素质、健全人格,成为德智体美全面发展的社会主义建设者和接班人。

(二) 主要举措

为把德育工作任务落到实处,实施"德育顶层设计",通过"目标与内容、途径与方法和管理与评价"等方面,确保浦模德育工作总体目标的实现,其主要办法是:

1. 以学生发展为本,分层开展德育教育活动

(1) 开展"两纲"教育系列活动,培养学生的生命意识,增强学生的国家意识、

公民意识和文化认同。

（2）以"低起点、近距离、长效益"为原则，不断丰富仪式教育、日常行为规范教育等主题教育的内容和方法。

（3）针对不同年级，分层设计学生培养目标，通过目标管理，全方位推进"模范学生"评选，促进学生个性化发展。

（4）充分发挥团委和大队部的作用，在班级、年级组、学校层面搭建学生学习、欣赏、展示的平台。

（5）整体设计学校的校园文化活动，细化到每月确定一个教育主题，既有学校统一组织的规定活动，也有年级或班级根据自己的情况自行选择和组织的自选活动。

2. 推进年级组德育研修，加强德育校本课程建设

（1）指导和组织各年级组结合本年级学生年龄特点与发展规律，开展"潜能教育"等方面的德育课题研究，推进年级组德育主题研修活动，着力研修具有针对性的教育形式和教育活动。

（2）加强班主任队伍建设，建立班主任主题沙龙，每月开展一次德育工作研讨，每学年举办一次"德育论坛"，组织开展班主任基本功大赛等活动，完善相互学习、相互交流的德育研究平台。

（3）加强校本德育课程建设，逐步优化实施已完成的校本德育课程；进一步梳理学校午会教育、节日教育内容，并使之课程化，完善健康教育、文明礼仪教育等校本课程。

3. 贯彻全员育人理念，提高学校德育管理水平

建立一支以学校德育工作领导小组为核心，年级组长、班主任为骨干，全体教师组成的德育队伍，健全班主任聘任、培训、考核、评优以及班主任常规工作制度，加强师德建设，发挥教师的垂范作用。

（1）完善落实《班主任考核方案》，加大对"温馨教室""优秀班主任"的宣传力

度,大力弘扬优秀班级、优秀班主任的先进事迹,通过树立典型,榜样引领,营造良好的学校德育工作的基础舆论和氛围。

(2)引导教师在课堂教学中,紧扣学科育德"结合点",精选典型、生动的案例或故事,力求使渗透的内容富有感染力和说服力,充分发挥教育的作用。同时引导教师营造平等、民主的课堂氛围,不仅能培养学生的自信和自尊的个性品质,而且能促进学生动手实践能力和创新精神的形成。

(3)坚持"不抛弃、不放弃每一个学生"的原则,加强偏差学生帮教工作,优化干部、党员与薄弱学生的结对交朋友的"心之桥"制度,通过心理健康教育、法制教育、表扬和批评、奖励和惩戒等形式,引导学生健康成长,提高学生的学习信心、是非判断能力和法制观念,促进学生素质全面提高。

4. 加强心理健康教育,促进学生健康成长

着重帮助和引导学生了解青春期生理、心理发展特点;掌握自我保护、学会悦纳自我、接纳他人;学会合理宣泄情绪,养成健康良好的生活方式。

(1)关注生命的完整。在初一开设心理辅导课,使心理健康教育与学生当下生存、今后的发展和学校教育有机结合,促使学生把当前学习与未来健康的人生规划结合起来。提供优质心理健康教育,强化个性心理辅导。做好有心理困扰或心理障碍学生的个别咨询及转介、康复工作,形成比较完备的学生个性诊断、干预机制。

(2)依托学校心理咨询工作室的建设,充分利用好心理咨询热线、心理社团、心理讲座、心理健康教育月活动、心理健康专题研讨会等形式,不断拓宽心理咨询工作的途径,普及心理健康理念,提高学生的心理健康水平,更好地为学校教育工作服务。充分发挥校园广播、宣传栏、黑板报、班会课、团队活动等主阵地作用,倡导积极向上、乐学好学的校园氛围。

(3)搭建家长社区网络。依托社区资源、各类专家、学校的心理室等资源,通

过组织家庭教育讲座、沙龙、个案辅导等形式来加强家庭教育指导服务,引导家庭树立正确的教育观和成才观,进一步了解新形势下青少年教育内涵,提高教育子女的能力和水平,发挥家庭教育在育人中的重要作用。

(4)加强德育队伍建设,提升班主任育德育心能力,关注师生共同发展,营造良好的师生关系,形成健康和谐的育人氛围,引领学生人格健全、主动发展、健康成长。注重学科渗透,拓宽育心渠道,立足课堂教学,提升教师在学科教学的心理健康教育渗透、课堂教学心理氛围的创设和师生沟通的技巧,把"两纲"教育融入教育教学,增强学生对生命的意义和价值的认识、感悟。

5. 整合和优化校外教育资源,增强学校、家庭、社会的育人合力

(1)通过家长委员会、家长会、家长开放日、家长学校、家长住校办公、家访等形式,使家庭与学校形成合力,以提高家长教育子女的水平,形成未成年人思想道德教育的家校合力,增强教育效果。

(2)坚持开展"政治上让父母放心,学习上让父母舒心,礼仪上让父母称心,生活上让父母省心"的孝心教育,让学生逐步学会生活,学会做人,在校争做好学生,在家争做好孩子,在社会上争做好公民。

(3)通过社会实践活动、志愿者服务和假日小队活动,让学生在健康愉快的中学生活中,学会恪守法则、互助乐群,懂得珍爱生命、感恩社会;增强民族自豪感、社会责任感和文化认同感;树立社会主义核心价值观。

三、课程与教学

(一)课程建设

1. 工作目标

积极贯彻上海市教委课程改革方案,聚焦国家课程校本化实施,继续坚持"科文艺体,多元发展"特色培育作为学校课程建设的重点,以课程改革与发展为动力,以课题推进和智慧校园创建为契机,全面整合课程资源,不断完善能够促进学生基础扎实、个性张扬、全面发展的课程体系,培养学生实践和运用知识解决现实问题的能力,提升学生综合素养。

2. 主要举措

(1) 课程计划

① 严格执行市教委的课程计划,按规定开设基础型课程、拓展型课程和探究型课程,平时加强监管,确保课程的执行力,科学合理安排好学校作息时间,做到专课专用,不得移作他用。

② 进一步完善学校艺体活动特色拓展课程,发展学校的生活实验探究课程,关注学生的素质与能力,兼顾学生的知识习得和个性发展。

(2) 课程管理

① 进一步完善学校、教导处、教研组三级管理网络,对学科课程和教学进行合理规划,制定课程教学计划,监督课程教学实施与效果,优化教学过程,提高课程的适应性。

② 着重加强对教学过程进行全程管理,下移管理重心,从教案管理深入到课堂教学管理。

(3) 课程开发

① 对基础型课程进行二次开发,研究学校实际及学生状况,编制学科校本作业,加大实施力度。

② 建立相应的表彰奖励机制,鼓励教师发挥其个性特长,充实完善科文艺体特色拓展和探究课程。致力于合唱、健美操、口琴、民乐、射击、女足等艺体团队特

色项目的重点建设,拓宽开展艺术节庆、体育节活动的新思路,高端引领和普及教育并重,在校园中着力营造文化艺术氛围,设计普及性好、参与率高的艺体活动形式,注重艺体特色教育的整体效果。

(二) 教学工作

1. 工作目标

不断完善教学精细化管理,继续加强教学五环节常规的有效落实,加强三类课程建设,以教学质量监控来指导与改进教学工作,匡正教学弊端,培育学生综合素养,以教学展示和研讨活动促进教师专业发展,确保教学质量高位稳定。

2. 主要举措

(1) 精细化过程管理,提升教学监控有效性

① 细化每一学期的具体要求,教学常规检查坚持检查与反馈制度。即平时教师自查,每月教研组互查,教导处负责抽查和期中、期末全部检查。

② 通过每周教研组长(或年级组长)例会、学生中期评议、听课交流和谈心活动等形式反馈常规检查情况。

(2) 加强教学质量监控,促进课程有效实施

① 通过实行推门课制度、质量调研、教学展示等各种形式进行教学常规监控管理,夯实课堂教学基础。

② 通过调研、质量汇总、试卷分析,了解各班学生学习情况,促使教师及时总结、反思,帮助他们分析、解惑。

③ 通过召开学生座谈会、问卷调查等途径,及时了解学生课业负担及教师的教学工作状况。

(3) 加强课堂教学研究,提升教学行为有效性

① 以学科组活动为平台，开展集体"一课二上三研四反思"集体教研活动，以《教师成长档案袋》填写为载体，不断提升教师教育教学理念，改进教学行为。

② 坚持每年开展"三课"教学活动。即学科带头人、骨干教师、高级教师上好"示范课"；中级教师上好"研究课"；青年教师上好"汇报课"，以此打造"课课是优课"，促进教师队伍素质提高，从而提高教育教学水平。

③ 聚焦课堂，积极开展学科育德课堂教学研究，开展诸如教学设计、教学反思、教学案例分析等教学改进研究活动，抓住关键，提出改进策略，帮助教师在实践反思中收获，在研究和改进中提高。

（4）加强教研（备课）组建设，提升教研的质量

① 通过建立、实施优秀教研组、备课组评比制度，强化集体备课，形成"捆绑式"教学（同伴互助，共同提升；毕业班教学，捆绑式评价），加强教研组、备课组建设力度，促进各学科教研组之间的交流、学习。

② 重视学科基本规范和流程管理。提高本学科在备课、上课、作业练习、评价和个别辅导等教学环节的效度，从而全面提高教学质量。

③ 关注学生，积极开展分层教学，同一问题情景提出不同层次的问题或开放性问题，以使不同的学生得到不同的发展；提供一定的阅读材料供学生选择阅读；习题可以设置巩固性练习、拓展性练习、探索性问题等多种层次；在安排课题学习时，所选择的课题要使所有的学生都能参与，在全体学生获得必要发展的前提下，不同的学生可以获得不同的体验。

四、队伍建设

（一）工作目标

注重以育人为本的教师专业素养和育人环境的提升,着眼于多渠道、多层次、开放化的校本研修体系构建,发挥《关于深化教育教学改革全面提高义务教育质量的意见》《中学教师专业标准》的引领和导向作用,坚持师德师风与师能建设并举,注重"立德树人"视野下教师专业素养提升和育人环境优化,着眼于多渠道、多层次、开放性人才培养体系构建,促进教师专业化成长,着力打造"师德高尚、师能娴熟、师艺精湛"的师资队伍。

(二) 主要举措

1. 提高思想认识,找准增长点

(1) 坚持学习制度,认真学习现代教育思想,开展师德专题学习。在党支部领导下发挥工会、共青团等群团组织以及民主党派的作用,多渠道多形式地开展敬业、爱岗、爱生教育活动。

(2) 认真学习党中央、国务院《关于深化教育教学改革全面提高义务教育质量的意见》文件精神,引导全体教职员工树立正确的教育观、工作观。深入开展教职工岗位职责培训,进一步发扬"讲人格、讲品位、讲奉献"的浦模精神,不断促进教师育德意识、能力和水平的全面提升。严格落实上级有关规定,严肃查处违规违纪行为,对有悖师德要求的行为,一经查实,坚决实行"一票否决"。

(3) 学习和执行《中学教师专业标准》,依据学校发展总体目标和教师专业发展的三个维度"专业理念与师德、专业知识和专业能力",确立发展目标,制订发展规划。

(4) 组织专家讲座,每学期邀请教育理论专家、学科专家来校进行专题讲座,形成视野宽、起点高的专家培训。

2. 开展市区级课题研究,提高教育教学研究水平在市、区两级课题项目的实施推进过程中,实现课题研究与课堂教学合一,教师提高与学生发展合一。

(1) 有计划地进行外出考察和校际交流,把兄弟学校的成功案例经验、先进教育理念与育德教育思想紧密结合起来。

(2) 举办科研讲座、请专家指导,组织学习沙龙、大会交流等方式,引领先进的教育理念与科学的教育方法,为教师提供良好的教育科研信息服务,促进教育科研的交流共享,开阔教师的教育视野,提升教师的教育科研能力。

(3) 鼓励教师进行行动研究、案例研究,撰写教育成果、参与研讨、论文发表等,促使教师在参与体验教育科研过程中提升教育教学创新的理念和能力。

3. 实施培养教师的"绿叶工程",促进青年教师快速成长

(1) 青年班主任培养工程:加强青年班主任岗位培训机制,开展"问题本位"班主任工作校本研修活动,解决青年班主任面临的实际困难。以浦模班主任工作室为抓手,指导青年班主任开展教育教学研究。

(2) 青年骨干教师培养工程:通过教学能手、教坛新秀与校内骨干教师结对、同质学习等方式,激发骨干教师专业发展的能力,为青年教师搭建展示舞台,同时推荐他们参加各类竞赛。

(3) 名师工程:采用"自培与互动"相结合的方法。校骨干教师与区教发院教研员结对,加速对名师的培养。

4. 建立机制和平台,促进教师个性和特色发展

(1) 学校制订鼓励教师参加高层次进修的办法,要求教师参加国家规定的继续教育,完成360、540学分;要求教师记录教学随想、听课心得与读书笔记,对教学录像进行切片研究;鼓励教师勇于探索,改革教育教学方式,创新教育实践,形成教学特色,力争培养出在区域内有一定知名度、影响力的教师群体。

（2）发挥校本培训在教师发展中的重要作用，建立教研组"组本研究"机制。做到"四个结合"：组本培训与备课相结合——备课即研究；组本培训与授课相结合——教学即实践；组本培训与教研相结合——活动即交流；组本培训与理论相结合——学习即提升。

（3）学校完善各个层次考核评价制度，即教师考核、班主任考核、备课组长考核、教研组长年级组长考核以及中层干部考核；建立两类教师评价：即教师学期评价和学年教师发展性评价，真正做到教学民主、管理民主，最大限度激发教师的才智和积极性。

第四部分　保障措施

一、组织保障

建立规划实施的组织机构，学校成立以校长为组长、工会主席为副组长，由党、政、工、团等主要负责人组成规划实施领导小组，全面负责规划的实施、检查、评估等工作。

组　　长：魏　澜（校长兼书记）

副组长：吕春明（常务副校长）

组　　员：宋燕燕（工会主席）

　　　　　金忠校（校务保障部主任）

　　　　　姚海庆（人才服务部主任）

　　　　　陈燕锋（学生发展部主任）

　　　　　金　燕（课程教学部主任）

姜　毅(教育科研部主任)

许　蔚(学生发展部副主任)

陆翼雄(课程教学部副主任)

沈　悦(少先队大队辅导员)

周　欣(教工团支部书记)

二、责任保障

建立规划实施责任制,具体落实到各条线负责人。并建立每学期目标达成自评制度。

总负责人：魏澜(校长兼书记)

学生发展工作：陈燕锋、许蔚、沈悦、各年级组长

课程教学工作：吕春明、金燕、陆翼雄、各教研组长

教育科研工作：姜毅、各教研组长

队伍建设：吕春明、姚海庆、周欣

学校管理：宋燕燕、吕春明、金忠校

三、监控评价保障

1. 充分发挥教代会的民主管理和民主监督的作用,使广大教职工参与"规划制定——规划实施——规划评估"的整个过程。学校行政按学年度,向教代会汇报"规划"的执行情况,并接受教代会代表对学校"规划"执行情况的质询和对"规划"的修改意见等。

2. 将学校四年规划的各项目标细化到每个学年度,每个学期的每周工作计划中,并保证措施落实,责任到人,从而使目标的监控内容更具体,评价更有可操作性。

3. 通过深化学校人事制度改革,完善干部和教职工的考核机制,从组织上保证学校各项目标的顺利完成。

4. 依据督导室下发的《浦东新区学校发展性督导评估指标评价细则》进行自查,接受和邀请专家对四年发展规划进行过程性指导和评估。

5. 充分发挥党组织的政治核心和战斗堡垒作用,积极调动全体教职工的工作积极性,使学校全体成员上下一心,与时俱进,为创建学校文明和谐的校园,为创造浦东模范中学光辉灿烂的明天而努力奋斗。

2020 年 1 月拟定

后 记

今年是我从教的第 33 个年头。回首往事，历历在目。从大学毕业回到母校上海市泾南中学工作至今，我先后在五个单位、两个省市从事过教书育人的工作。

上海市泾南中学是我教师旅程的第一站，在这里我受到了许多亦师亦友的前辈的关怀和帮助，也奠定了最初却也是最扎实的专业功底，积累了一定的管理经验。后来我在浦东新区社工委、社发局挂职锻炼（先后在浦东新区教育督导室和区委、社工委保持共产党员先进性教育督导组工作）；又响应上级号召赴云南迪庆州开展为期一年的援滇工作；回沪后被任命为上海市蔡路中学党支部书记；2011年8月，本人再度调任，来到上海市浦东模范中学担任校长兼书记。丰富的工作经历让我领略了不同地域、不同学校的办学风格和不同校长、不同教师的风范情怀。在不断辗转各处的过程中，我关于如何办学的看法也逐渐形成和成熟起来，而浦东模范中学给了我一个实践理想、展示自我的精彩舞台。

正如刘京海先生所说，在学校高位发展时走马上任担任校长对我来说既是幸运，也是挑战。当我最初迈进浦东模范中学的校门，心里充满了兴奋和期待，但忐忑不安也是不言而喻的。如何让这所当时已经名闻遐迩的浦东新区优质品牌学校继续保持优势、不断发展是萦绕在我心头的头等大事。作为一名初出茅庐的校长，当时的我得到了各方师友的大力支持，有的是管理上的指点迷津，有的是专业上的仙人指路。浦东模范中学创办者吴小仲校长和首届上海市教育功臣刘京海校长等一大批沪上教育界的耆宿专家都曾给我以慷慨的指导和帮助，吴、刘两位先生更是对我耳提面命、以身示教，鞭策和鼓励我在校长的岗位上不断砥砺前行、有所作为。

  眨眼间，十年倏忽而过。为了对多年来浦东模范中学的成长发展进行梳理和总结，为了将学校"模范教育"的教育哲学和"让每一个孩子拥有存在的意义，让每一个孩子成为远处的模范"的办学理念传承下去，为了让后继的浦模人永远铭记老校长"讲人格、讲品位、讲奉献"的谆谆教诲，我不揣冒昧撰写本书。一方面，希望以此对学校的廿载发展和自己的十年工作做个回顾；另一方面，也希望通过书籍的形式将美好的浦模故事传承下去。回顾历史，是为了展望未来，这本著作绝不是对既有成绩的顾影自怜，而是一种鞭策，激励我和全体浦模人继续努力，不断为基础教育作出新贡献。

  在成书过程中，我有幸得到上海市教育科学研究院杨四耕教授的亲切指导，学校管理团队也提供了很多帮助和真知灼见，刘京海校长还在百忙中惠赐序言。对大家的辛勤付出我在此一并致谢！

  愿大家继续关注浦模发展，让学校永远走在通向"模范"的道路上！

魏澜

2021 年 5 月

书名	ISBN	定价	出版时间
学校整体课程规划的七个关键	978-7-5760-0424-3	62.00	2021年3月
课堂教学的30个微技术	978-7-5760-1043-5	52.00	2020年12月
教学诠释学	978-7-5760-0394-9	42.00	2020年9月
原点教学：提升区域育人质量的策略研究	978-7-5760-0212-6	56.00	2020年8月

学校课程发展精品丛书

书名	ISBN	定价	出版时间
学科课程群与全经验学习	978-7-5760-0583-7	48.00	2021年1月
育人目标与课程逻辑	978-7-5760-0640-7	52.00	2021年2月
学科课程与深度学习	978-7-5760-0505-9	52.00	2021年2月
学校课程的文化表情：百花园课程的学科指向与深度实施	978-7-5760-0677-3	38.00	2021年2月
学校文化与课程变革	978-7-5760-0544-8	62.00	2021年2月
语文天生重要：语文学科课程群设计	978-7-5760-0655-1	44.00	2021年2月
五育并举的课程体系：致良知课程的旨趣与探索	978-7-5760-0692-6	48.00	2021年1月
学科课程与育人质量	978-7-5760-0654-4	48.00	2021年1月
在地文化与课程图谱	978-7-5760-0718-3	46.00	2021年2月
中观课程设计与学科课程发展	978-7-5760-0624-7	36.00	2021年1月
大教学：英语学科核心素养培育的课程模式	978-7-5760-0462-5	46.00	2021年1月

特色学校聚焦丛书

书名	ISBN	定价	出版时间
不一样的生命，一样的精彩	978-7-5675-8675-8	34.00	2019年3月
童味正醇：特色学校的文化图谱	978-7-5675-8944-5	39.00	2019年8月
特色普通高中课程建设探索	978-7-5675-9574-3	34.00	2019年10月

儿童是天生的探索者:360°科学启蒙教育			
	978-7-5675-9273-5	36.00	2020年2月
做精神灿烂的教师:教师自我成长的5个密码			
	978-7-5760-0367-3	34.00	2020年7月
让教育温暖而芬芳	978-7-5760-0537-0	36.00	2020年9月
快乐教育与内涵生长	978-7-5760-0517-2	46.00	2020年12月
故事教育与儿童发展	978-7-5760-0671-1	39.00	2021年1月
美好教育:学校内涵发展的循证研究	978-7-5760-0866-1	34.00	2021年3月
把美好种进儿童心田	978-7-5760-0535-6	36.00	2021年3月
倾听生命的天籁:"天籁教育"的实践与探索			
	978-7-5760-1433-4	38.00	2021年9月
为了每一个孩子的美好心愿	978-7-5760-1734-2	50.00	2021年9月

跨学科课程丛书

大情境课程:主题设计与创意评价	978-7-5760-0210-2	44.00	2020年5月
社会参与素养的培育模型与干预机制	978-7-5760-0211-9	36.00	2020年5月
大概念课程：幼儿园特色主题活动设计			
	978-7-5760-0656-8	52.00	2020年8月
项目学习:进入学科的课程智慧	978-7-5760-0578-3	38.00	2021年4月
STEAM课程的设计与实施	978-7-5760-1747-2	52.00	2021年10月
幼儿个性化运动课程	978-7-5760-1825-7	56.00	2021年11月
向着优秀生长:"模范教育"的理念与实践			
	978-7-5760-1827-1	36.00	2021年11月

核心素养导向的课堂教学丛书

漾着诗性智慧的课堂教学	978-7-5675-9308-4	39.00	2019年7月
转识成智的课堂教学:核心素养导向的历史教学			
	978-7-5760-0164-8	40.00	2020年5月
学导式教学:学会学习的教学范式	978-7-5760-0278-2	42.00	2020年7月

书名	ISBN	定价	出版时间
高阶思维教学的关键技术	978-7-5760-0526-4	42.00	2021年1月
会呼吸的语文课：有氧语文的旨趣与实践	978-7-5760-1312-2	42.00	2021年5月
高阶思维教学的核心指向	978-7-5760-1518-8	38.00	2021年7月
磁性课堂：劳动技术课就这样上	978-7-5760-1528-7	42.00	2021年7月
核心素养导向的作业设计	978-7-5760-1609-3	40.00	2021年8月
语文，让精神更明亮	978-7-5760-1510-2	42.00	2021年9月
"六会"教学法：基于核心素养的课堂教学	978-7-5760-1522-5	42.00	2021年9月

特色课程建设丛书

书名	ISBN	定价	出版时间
教师，生长的课程	978-7-5760-0609-4	34.00	2020年12月
学校课程发展的实践范式	978-7-5760-0717-6	46.00	2020年12月
丰富学习经历：如歌式课程的愿景与深度	978-7-5760-0785-5	42.00	2020年12月
学科课程群设计方法	978-7-5760-0579-0	44.00	2021年3月
学校美育课程的立体建构：菁华园课程的逻辑与框架	978-7-5760-0610-0	36.00	2021年3月
关键学习素养与学科课程设计	978-7-5760-1208-8	34.00	2021年4月
学校课程设计：愿景建构与深度实施	978-7-5760-1429-7	52.00	2021年4月
生长性课程：看见儿童生长的力量	978-7-5760-1430-3	52.00	2021年4月
"慧阅读"课程：儿童视角	978-7-5760-1608-6	42.00	2021年6月
诗意栖居的课程愿景：智慧岛课程的逻辑与深度	978-7-5760-1431-0	44.00	2021年7月
每一个孩子都是最重要的人：V-I-P课程的内在意蕴与学科视角	978-7-5760-1826-4	54.00	2021年8月
给每一个孩子带得走的能力：井养式课程的旨趣与探索	978-7-5760-1813-4	42.00	2021年10月
指向核心素养的课程统整框架：I AM BEST课程的学科之维	978-7-5760-1679-6	48.00	2021年11月